queue

Kanna Kii
artbook

milky way ediciones

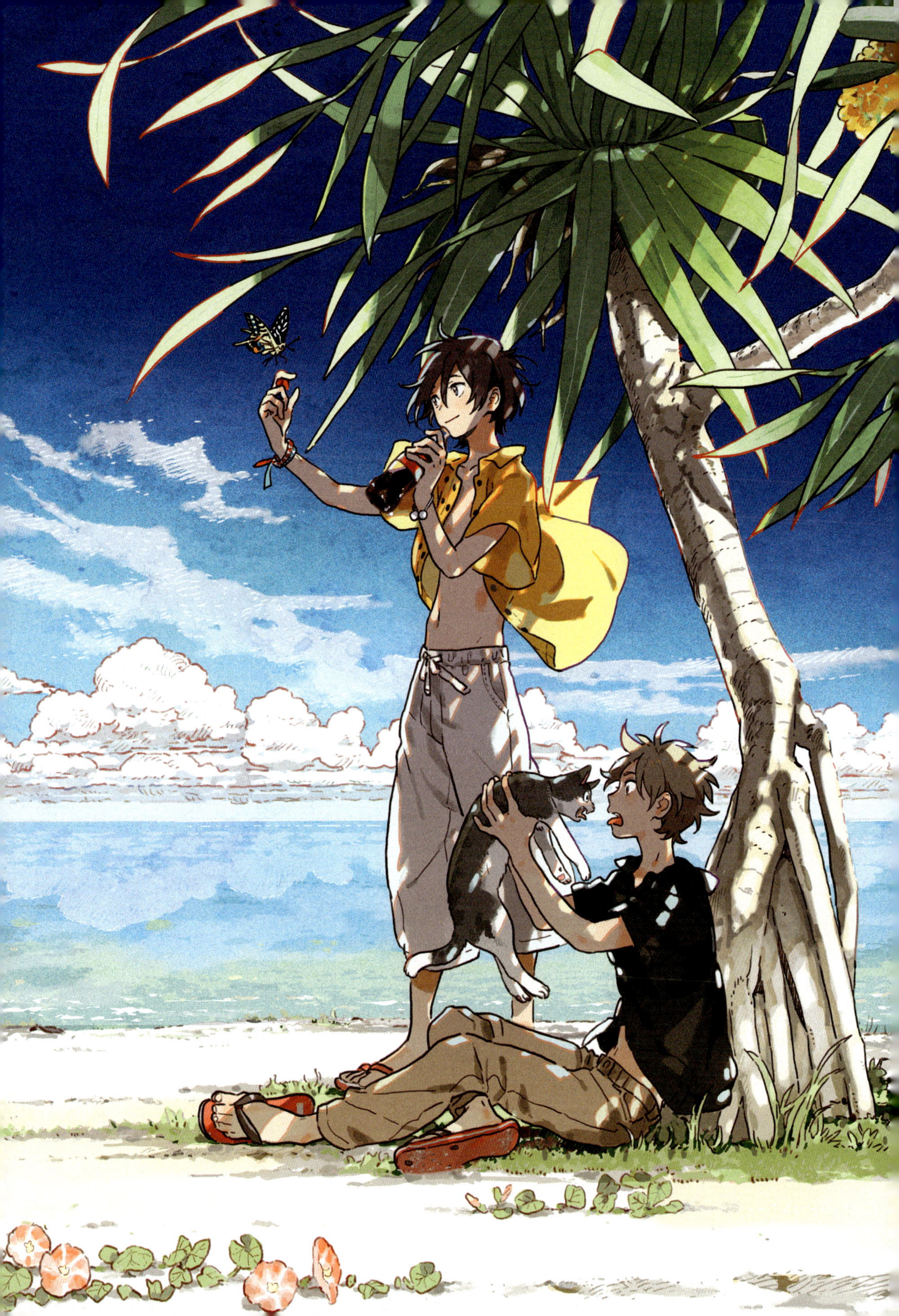

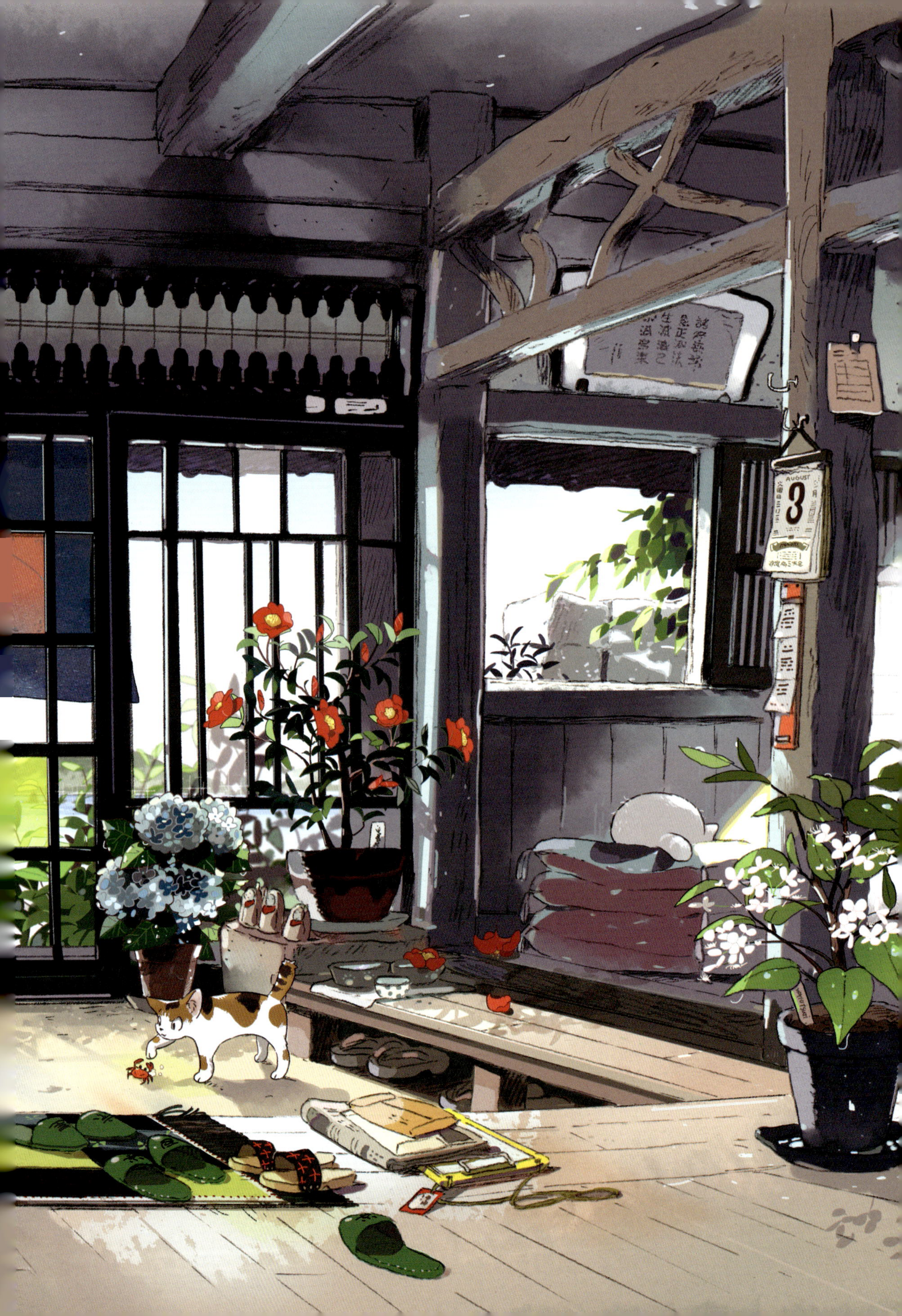
AUGUST
3

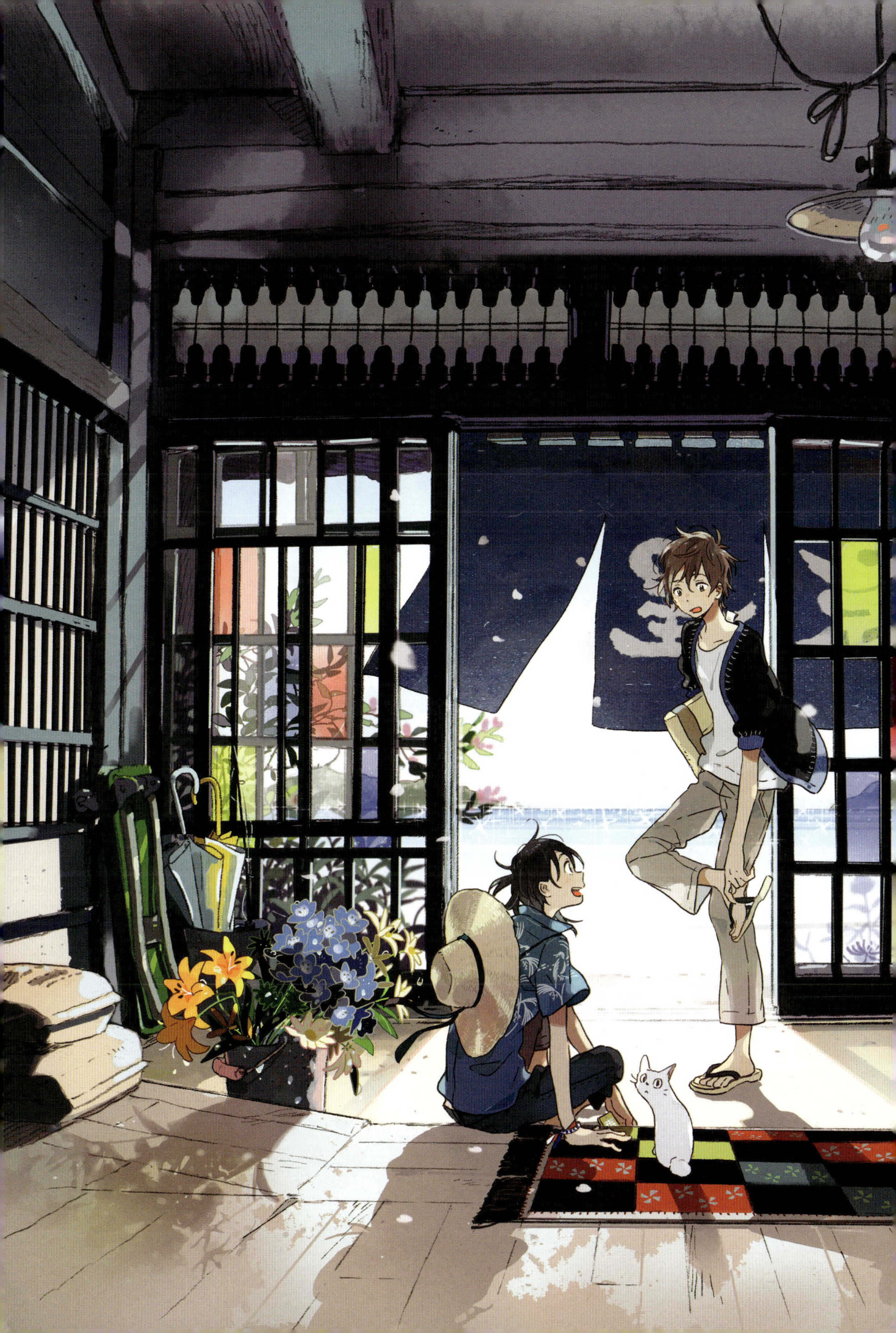

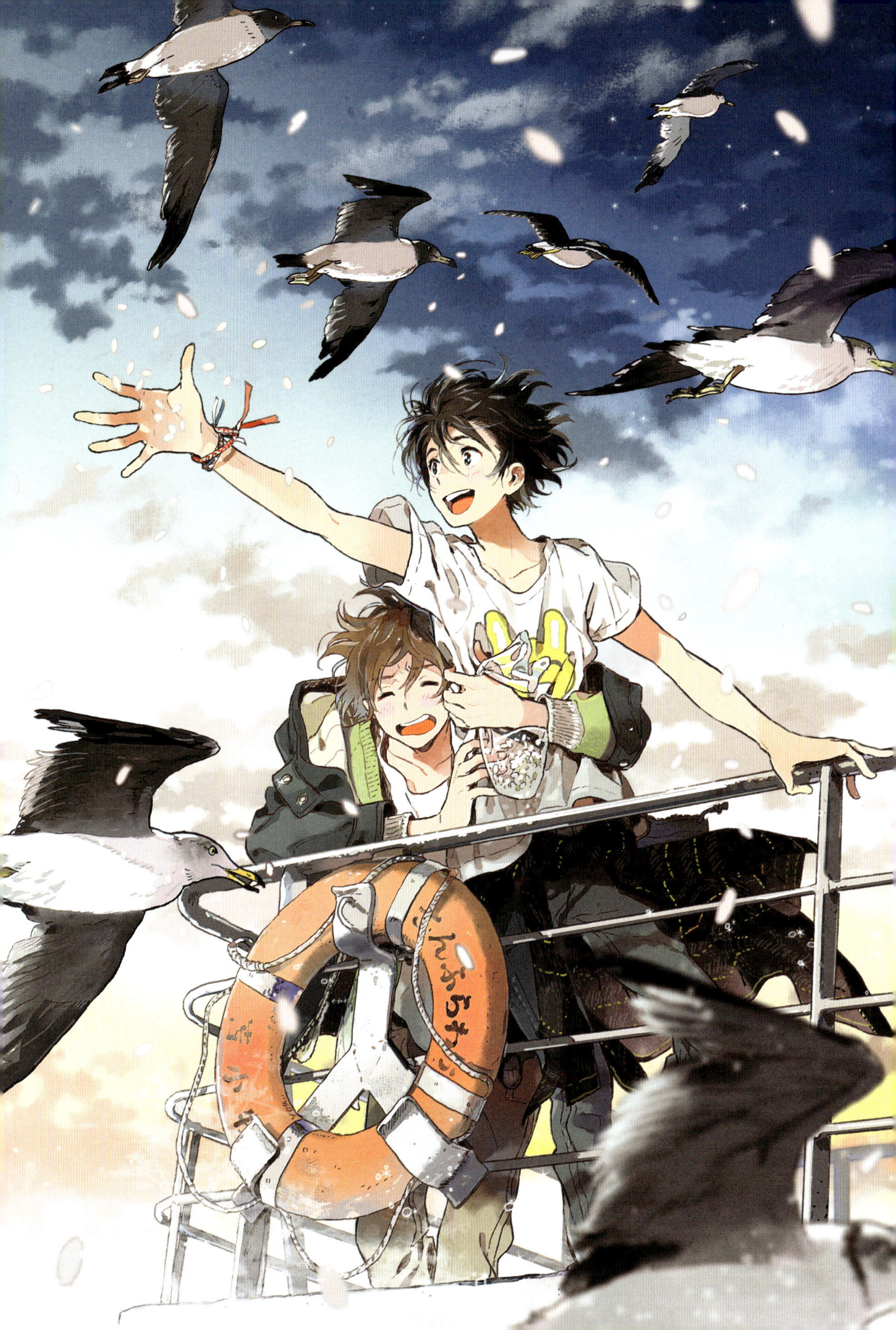

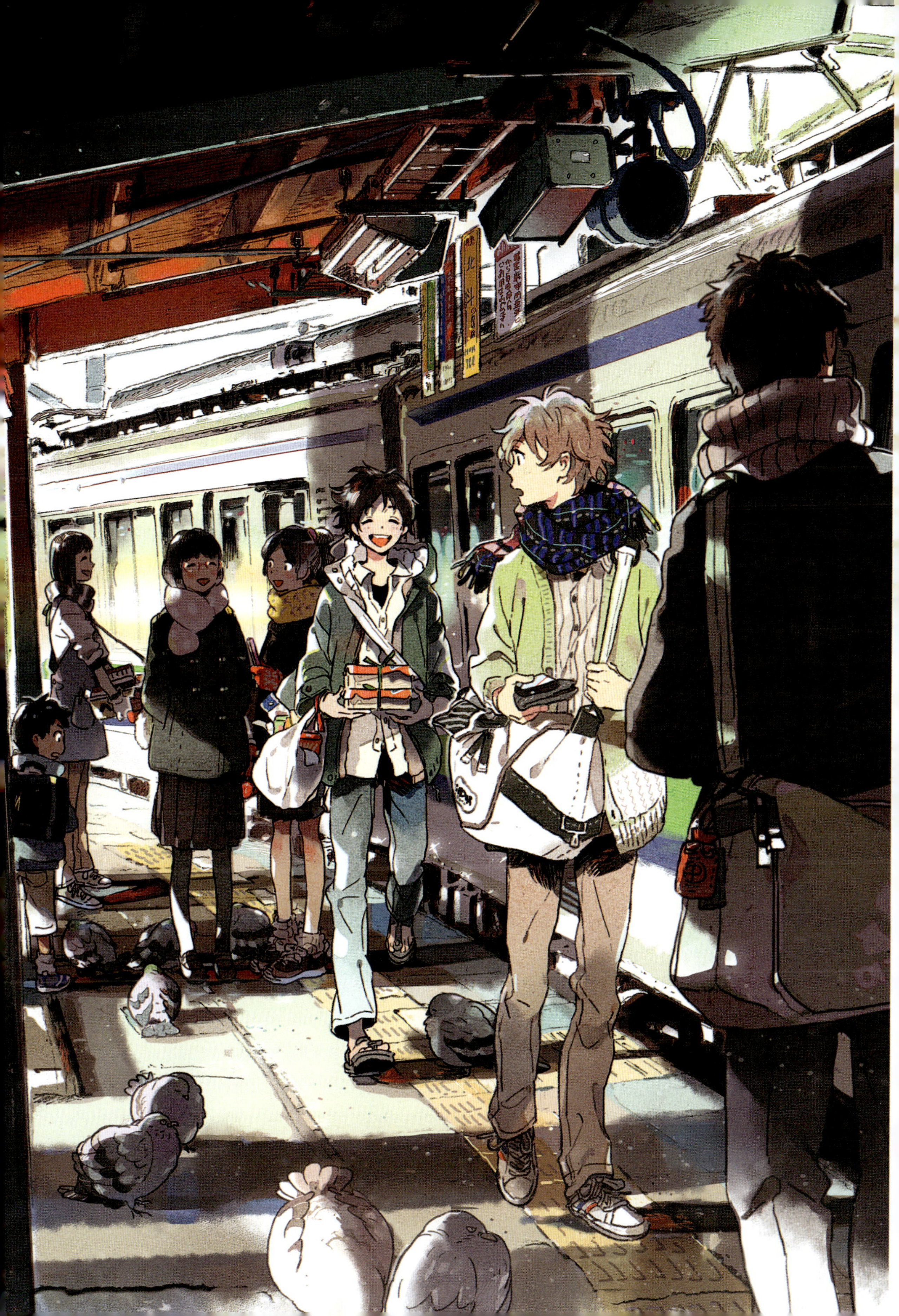

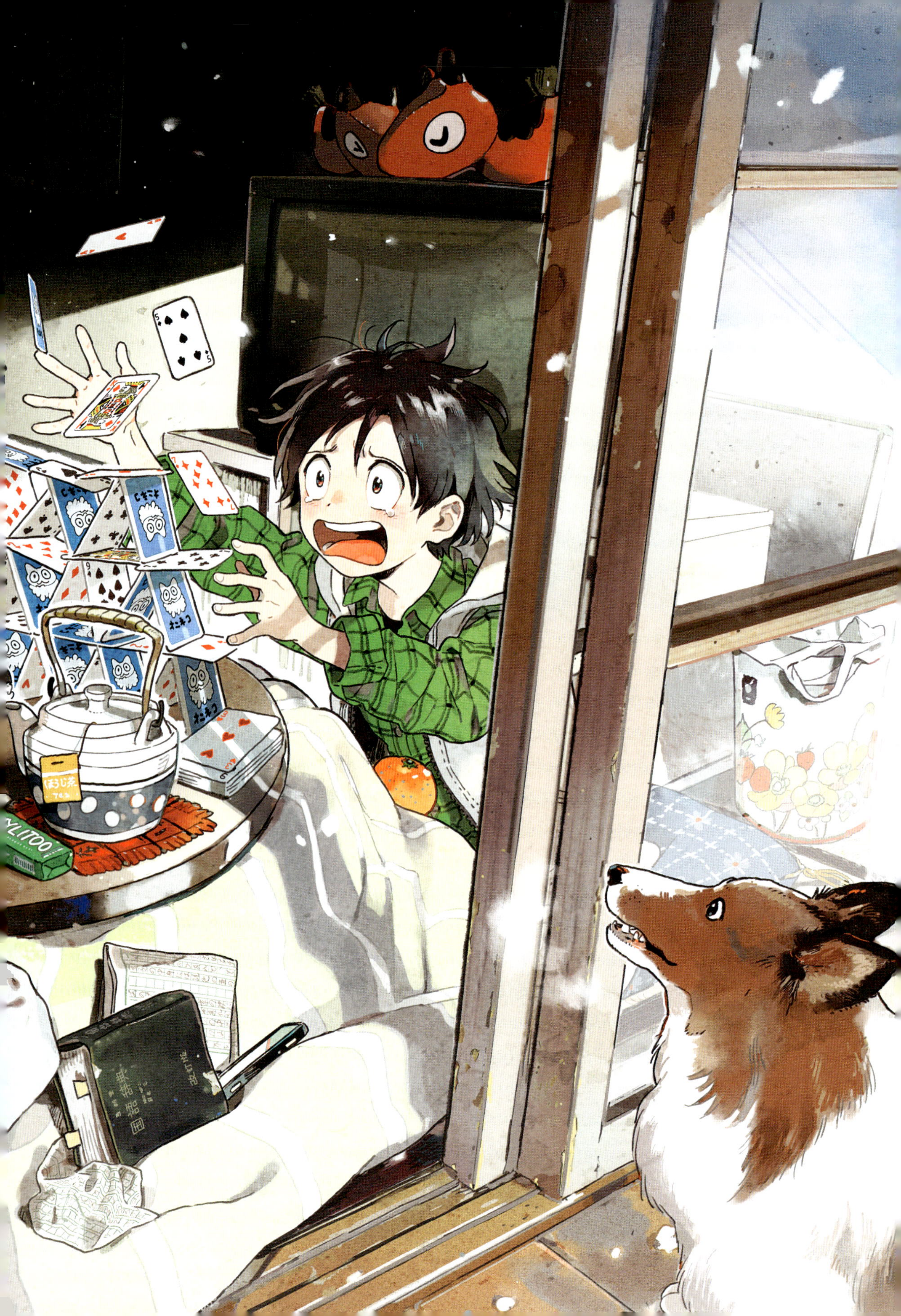
ほうじ茶

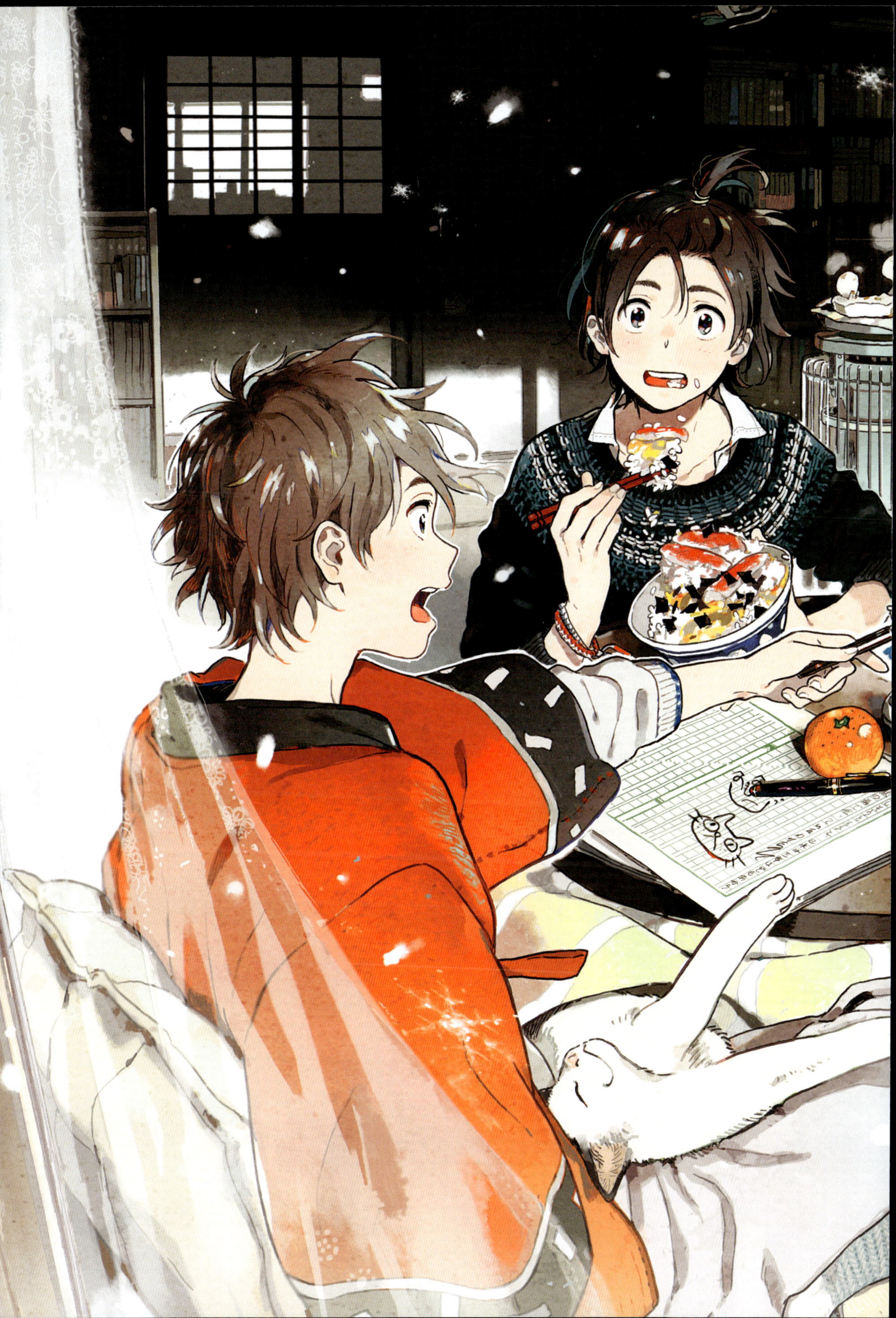

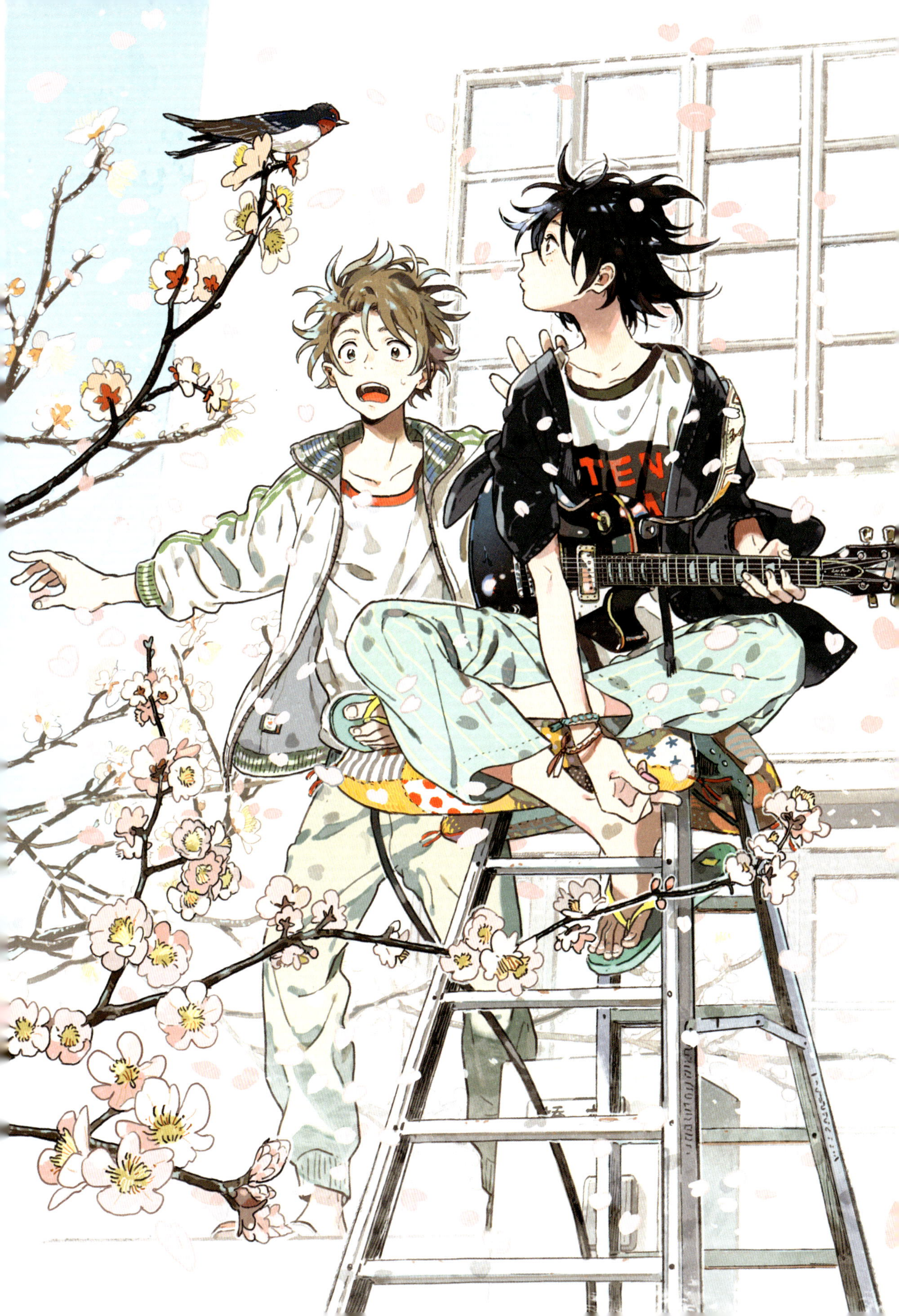
TEN

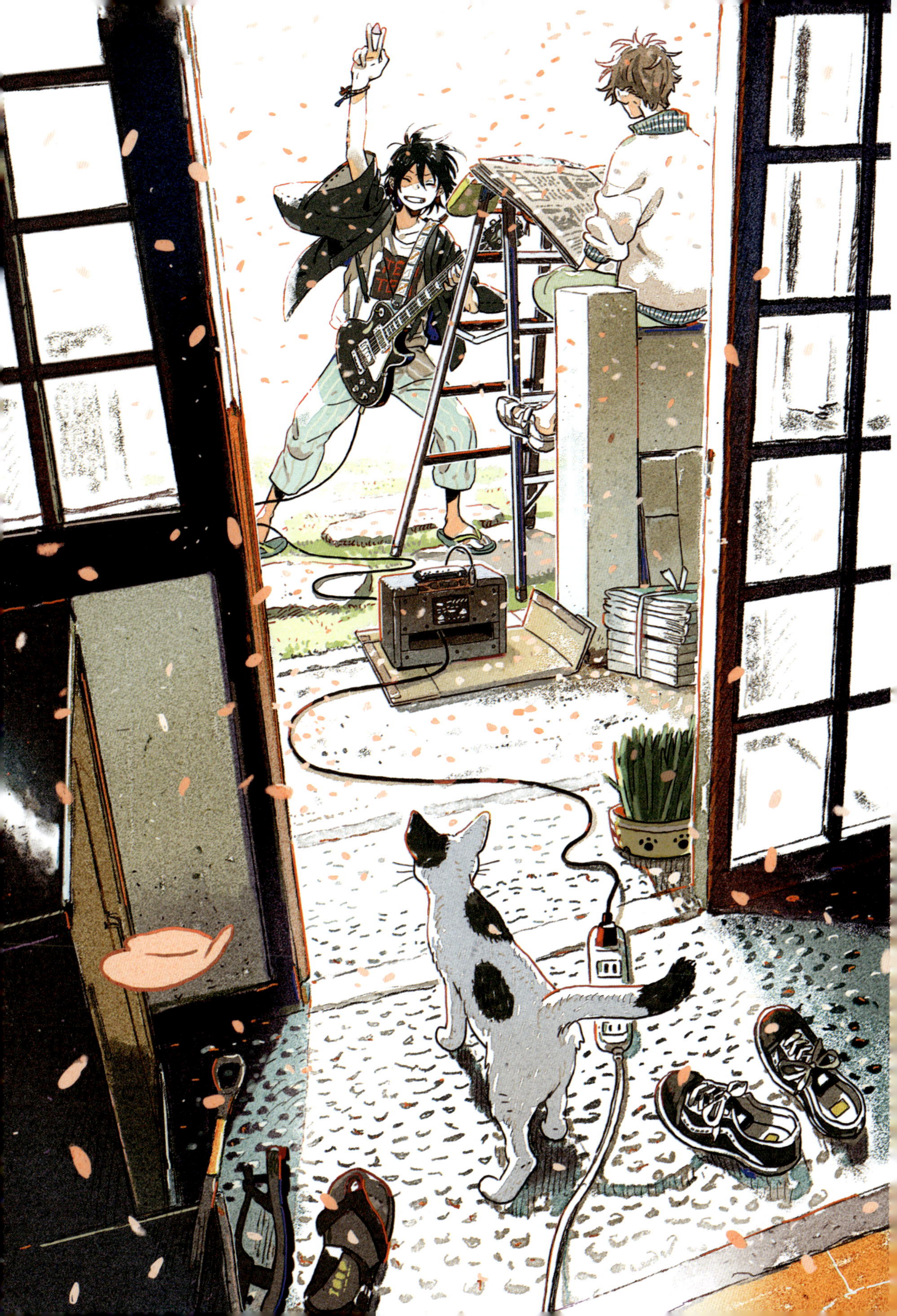

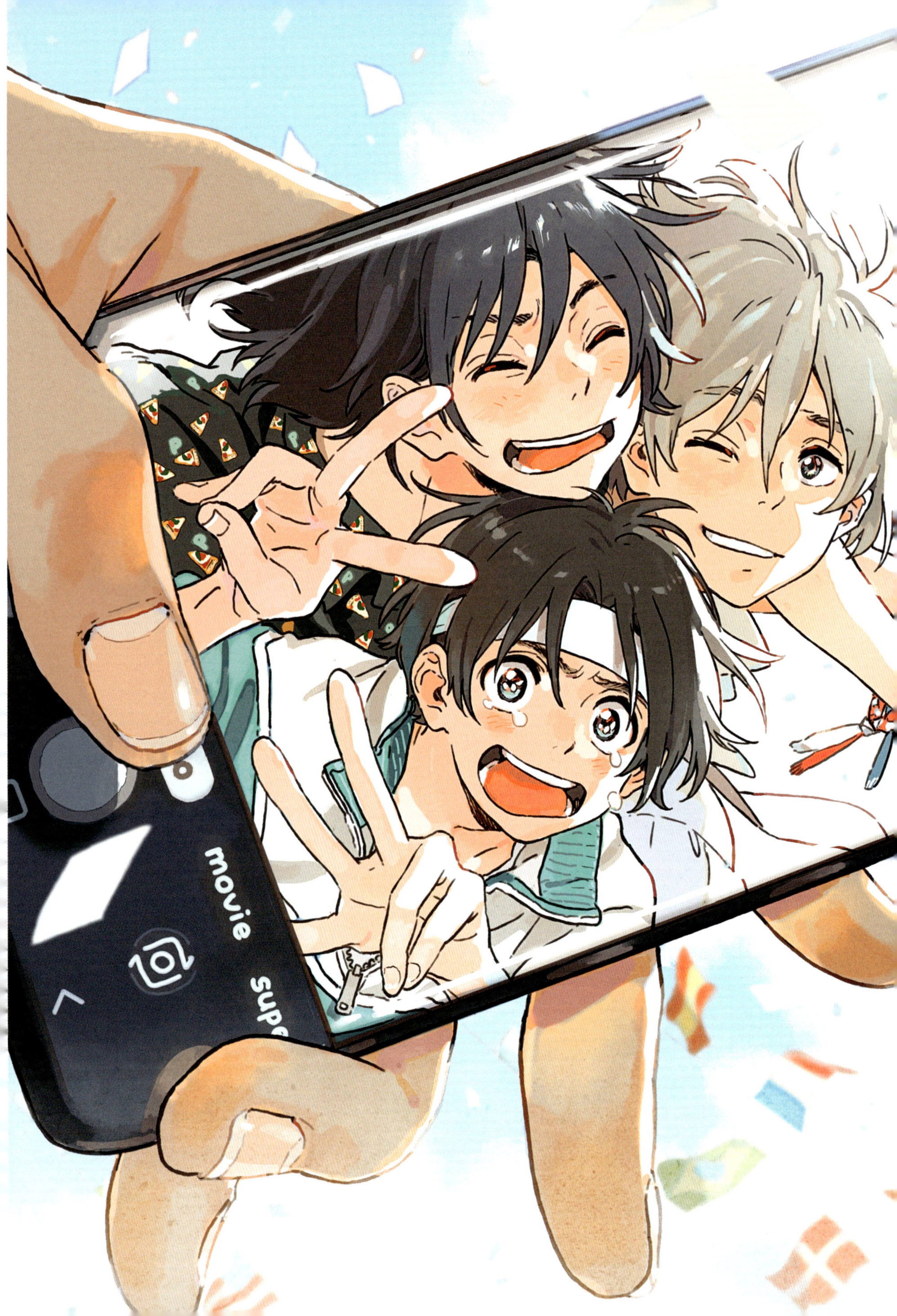
movie

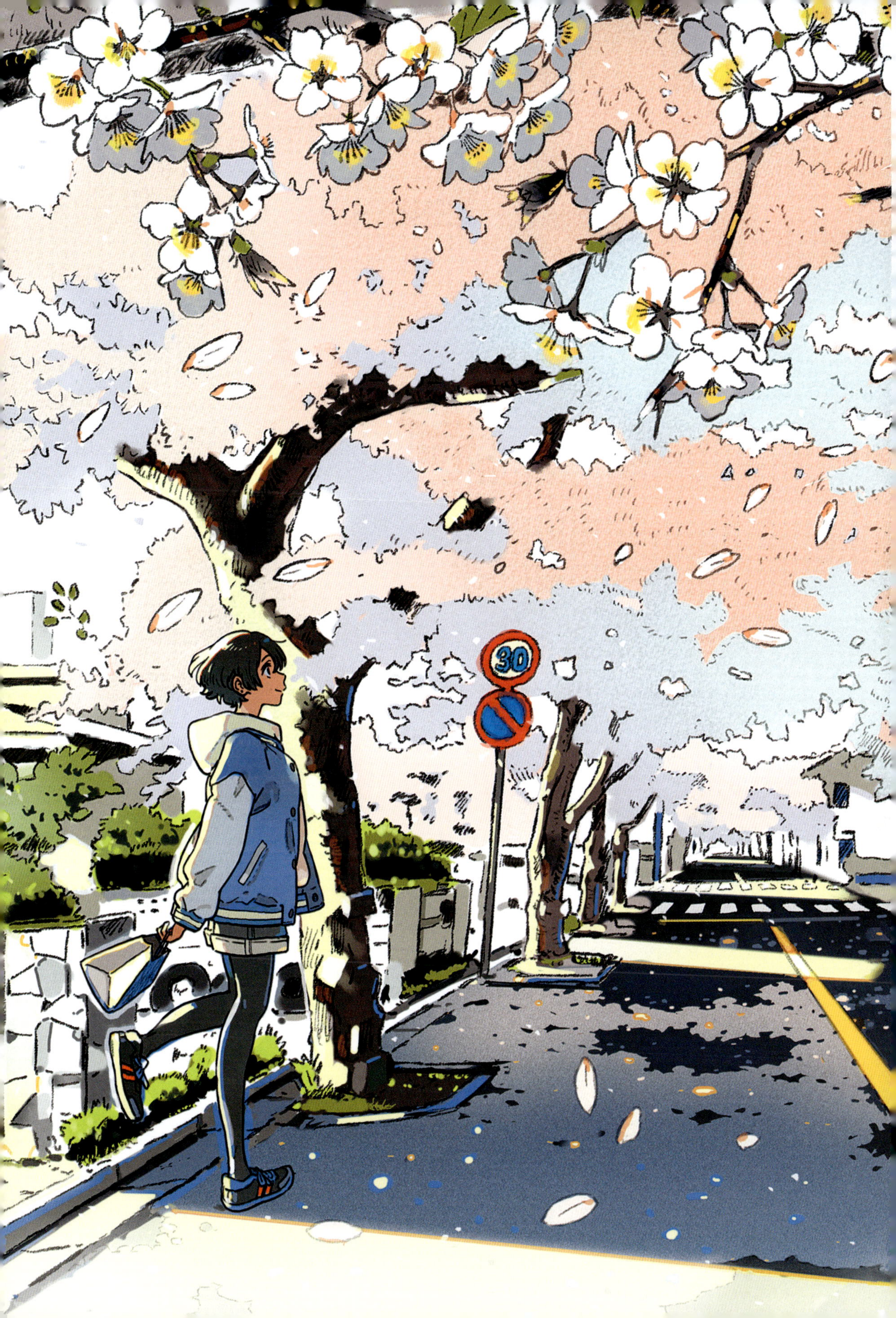
30

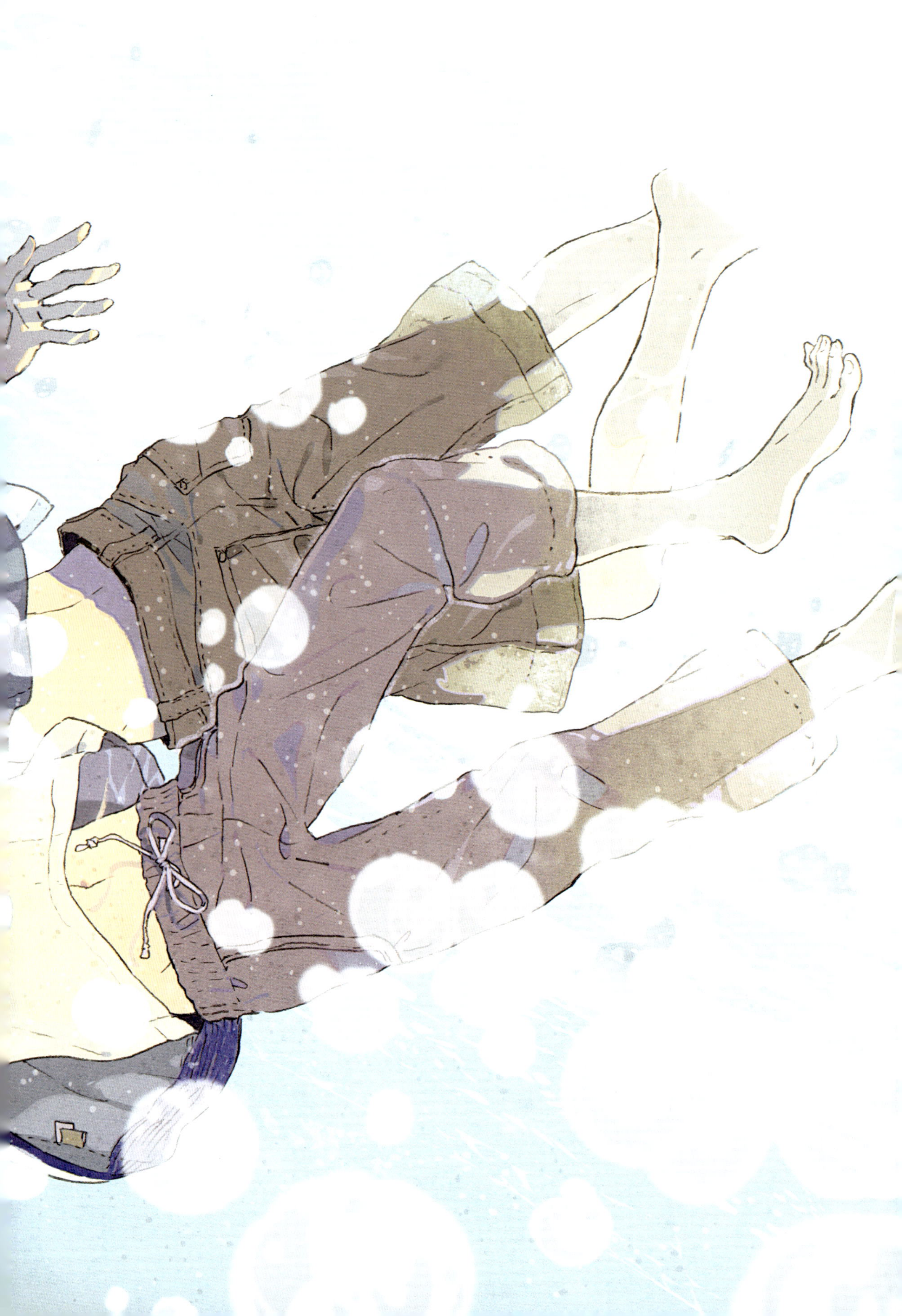

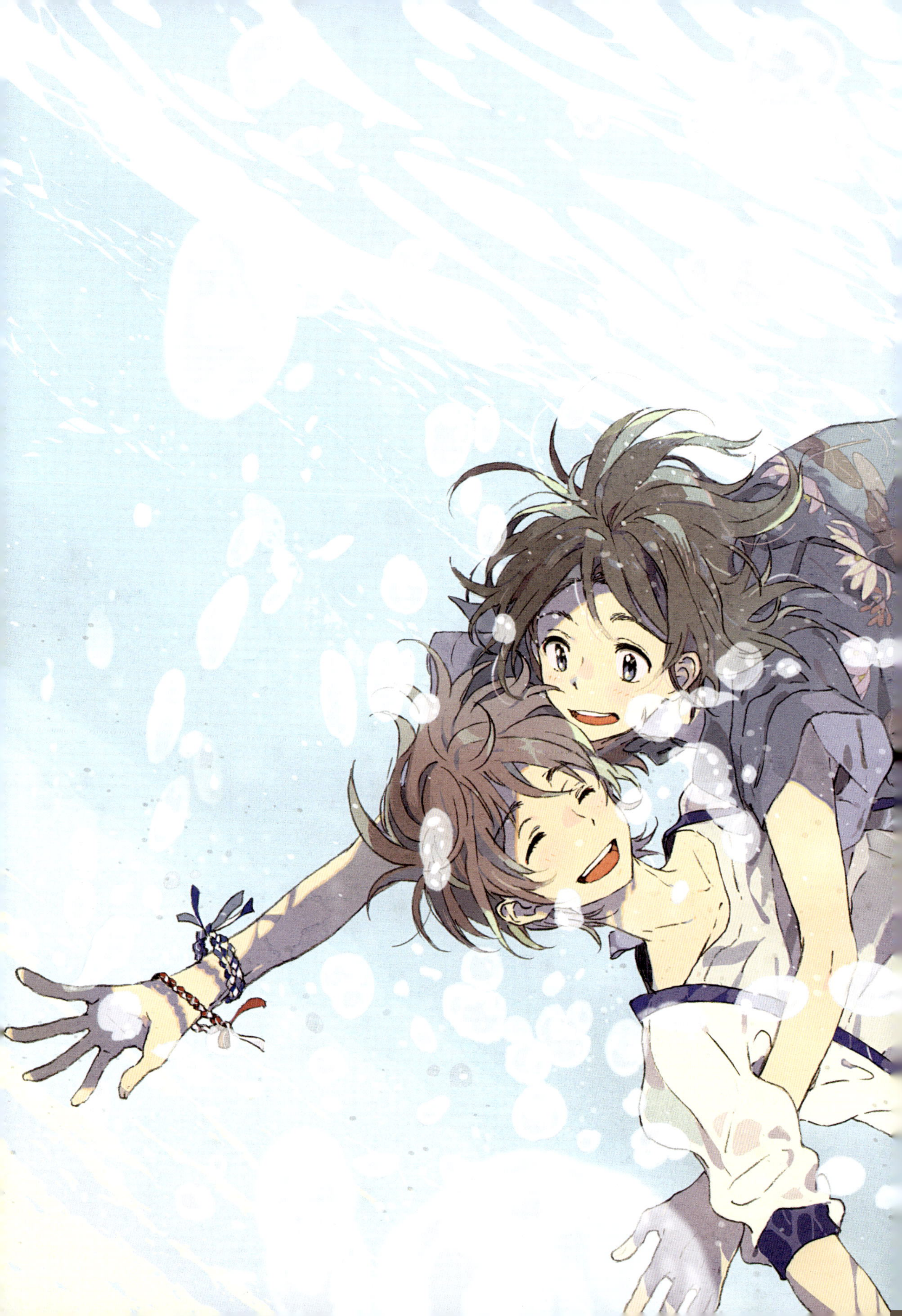

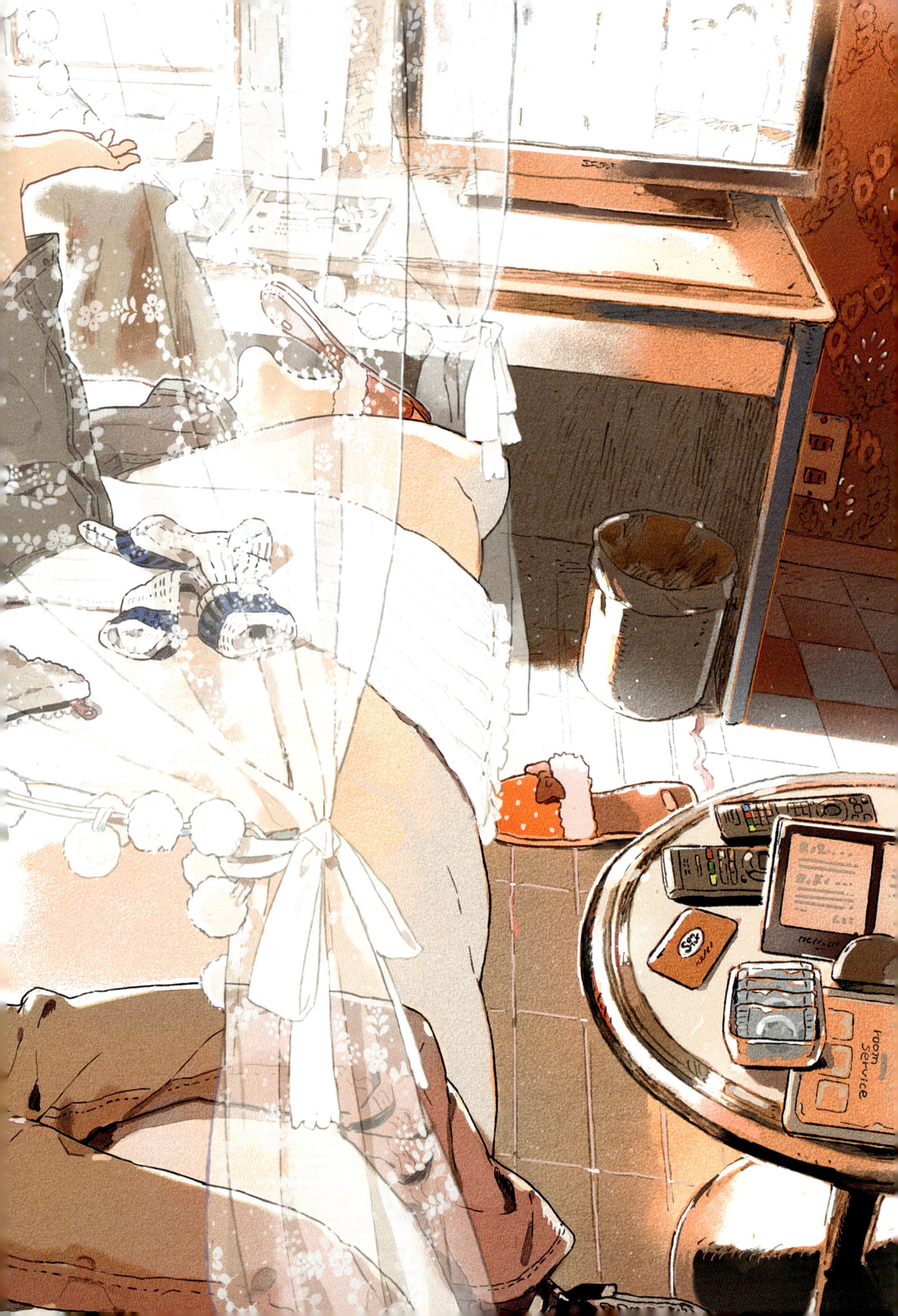
room Service

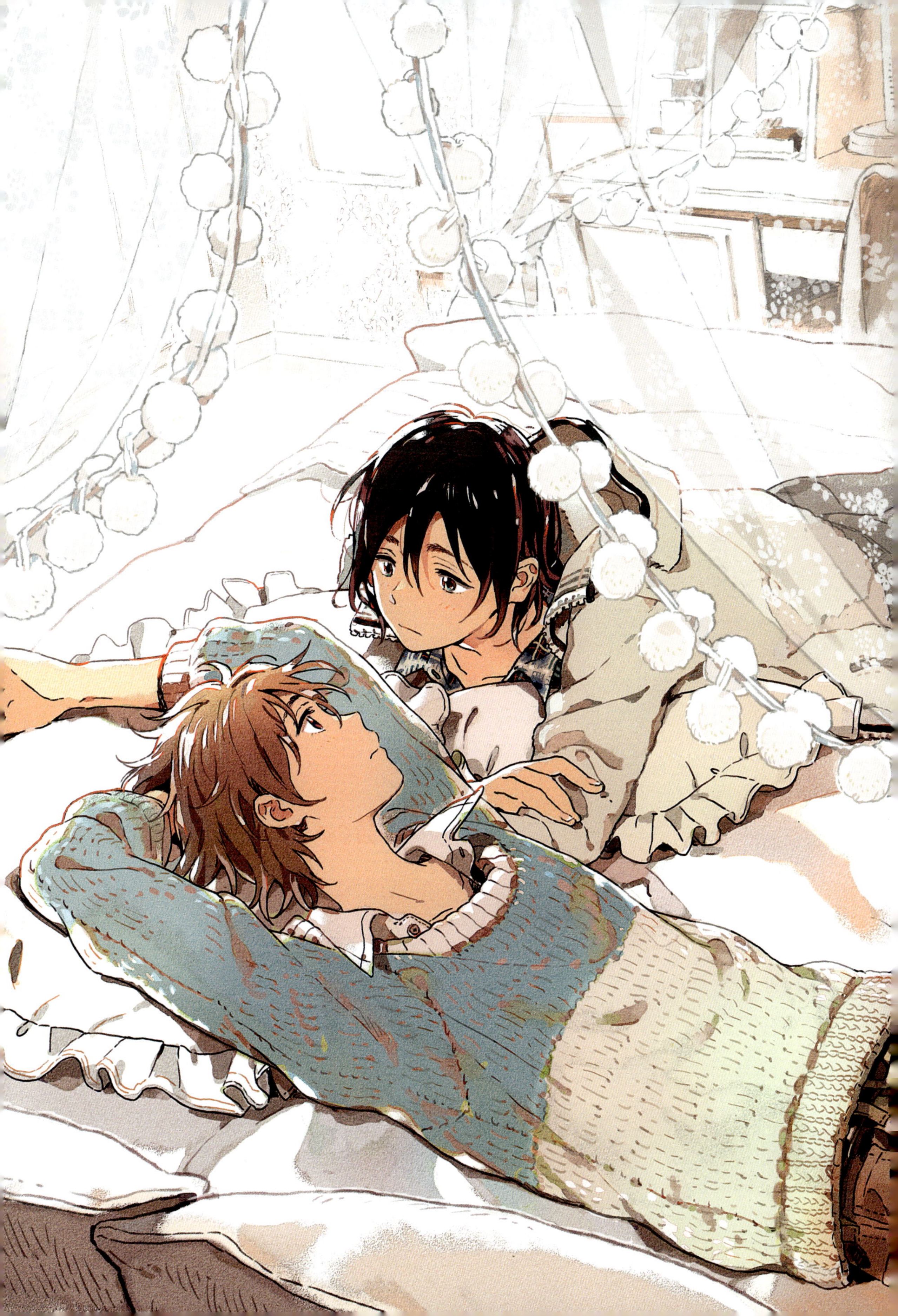

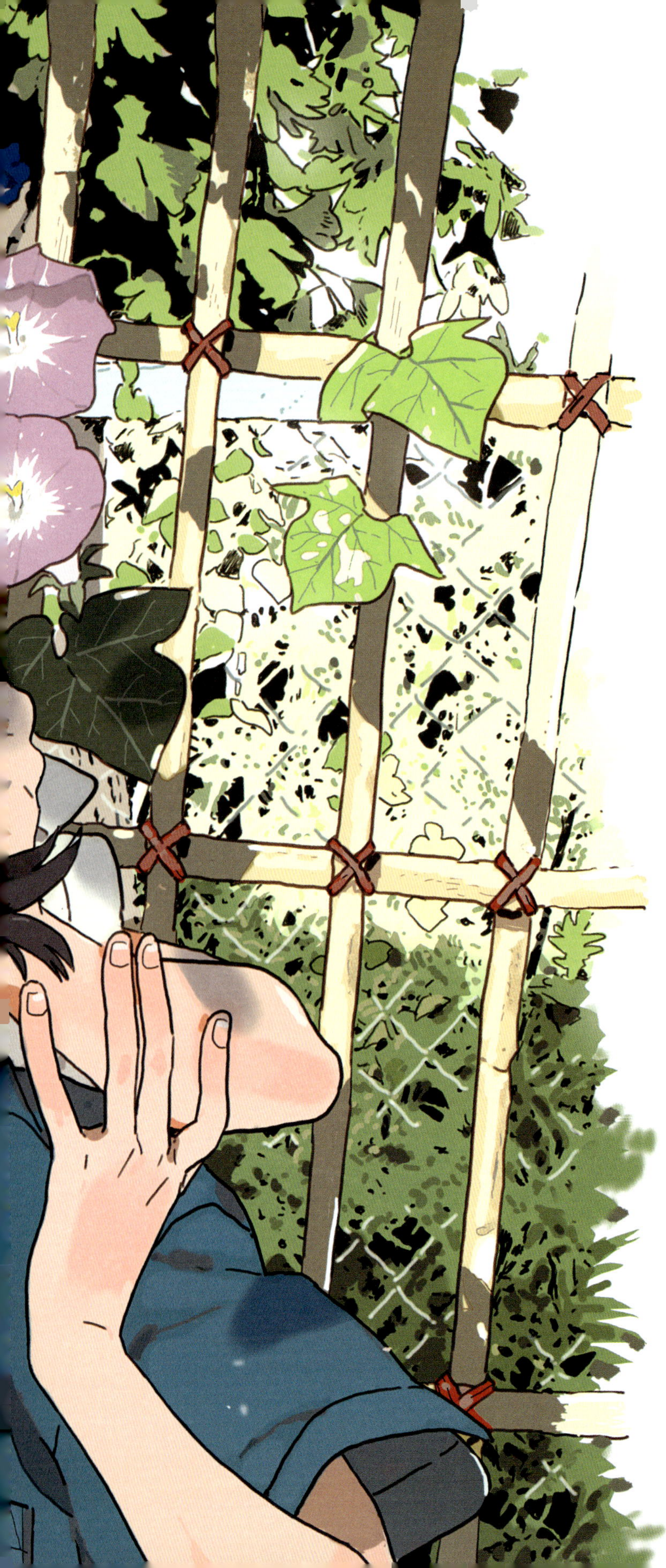

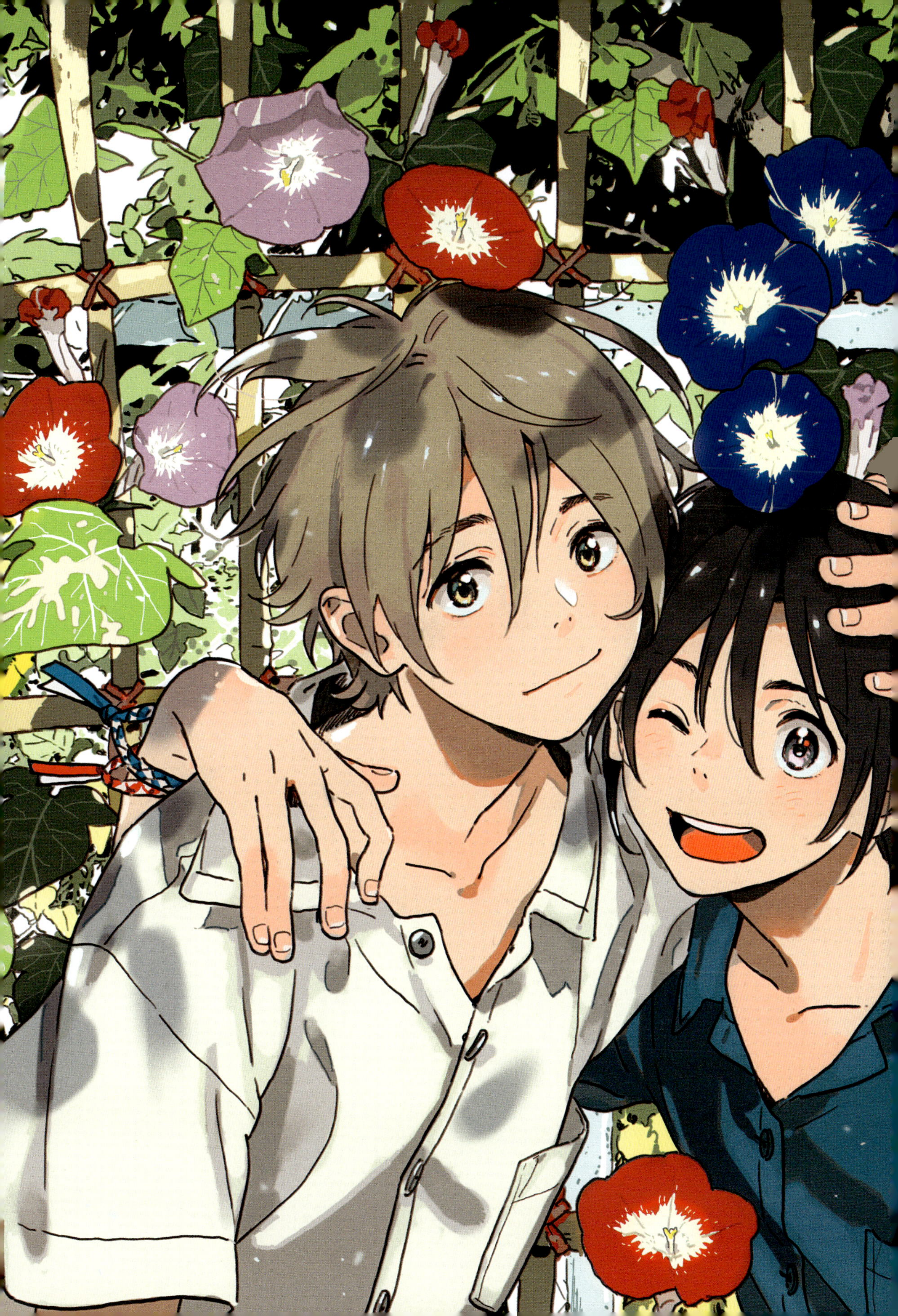

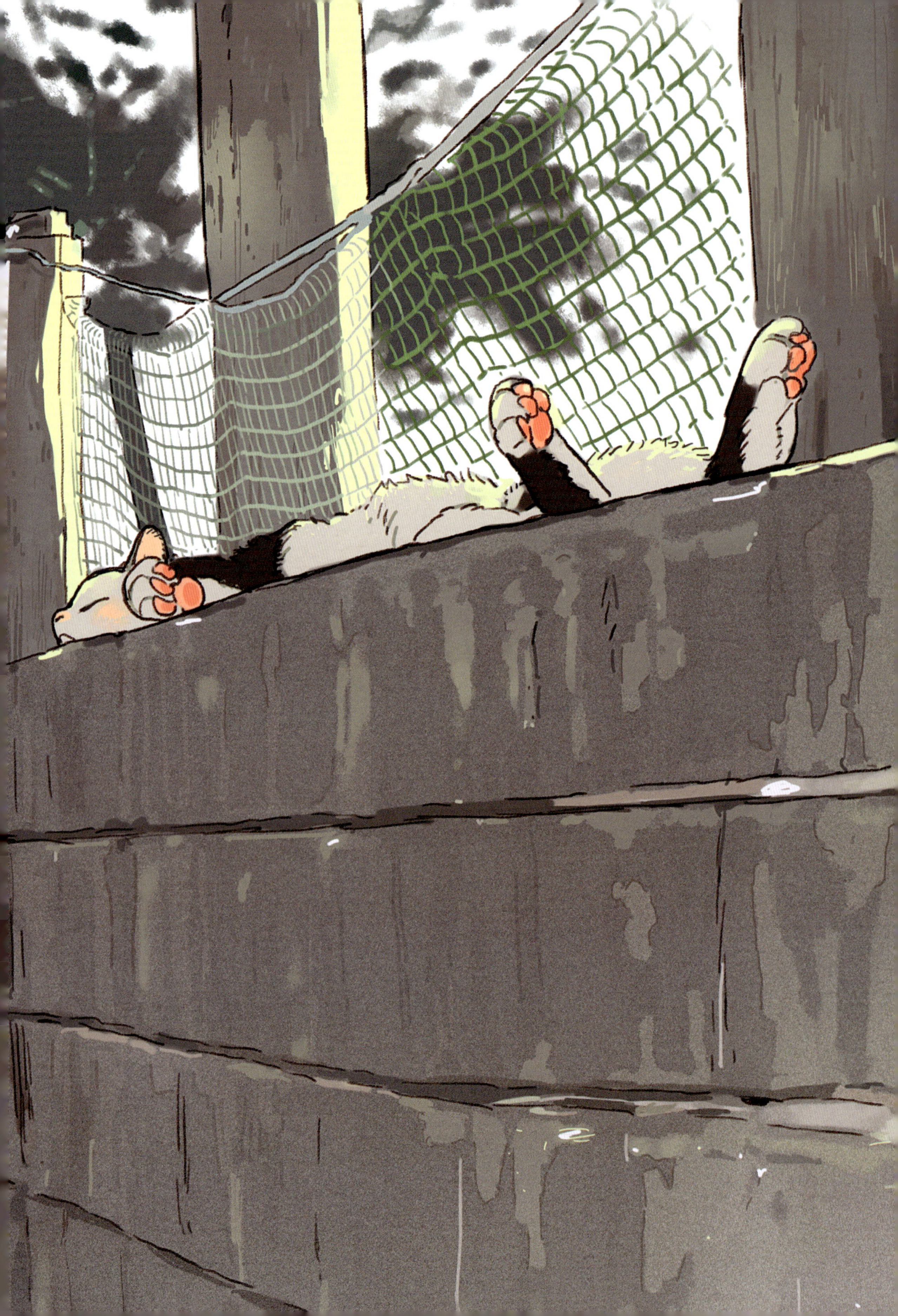

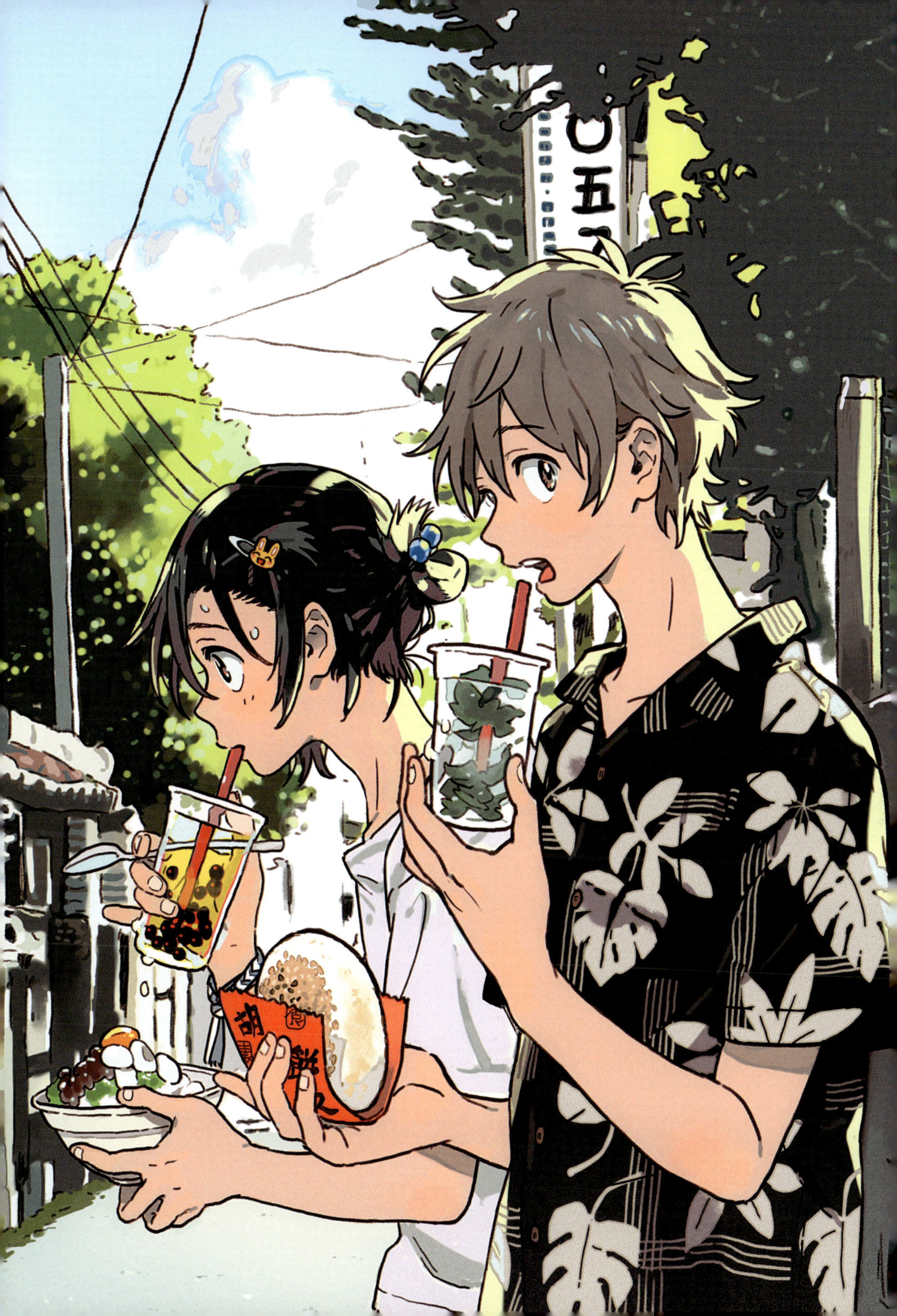
五
胡

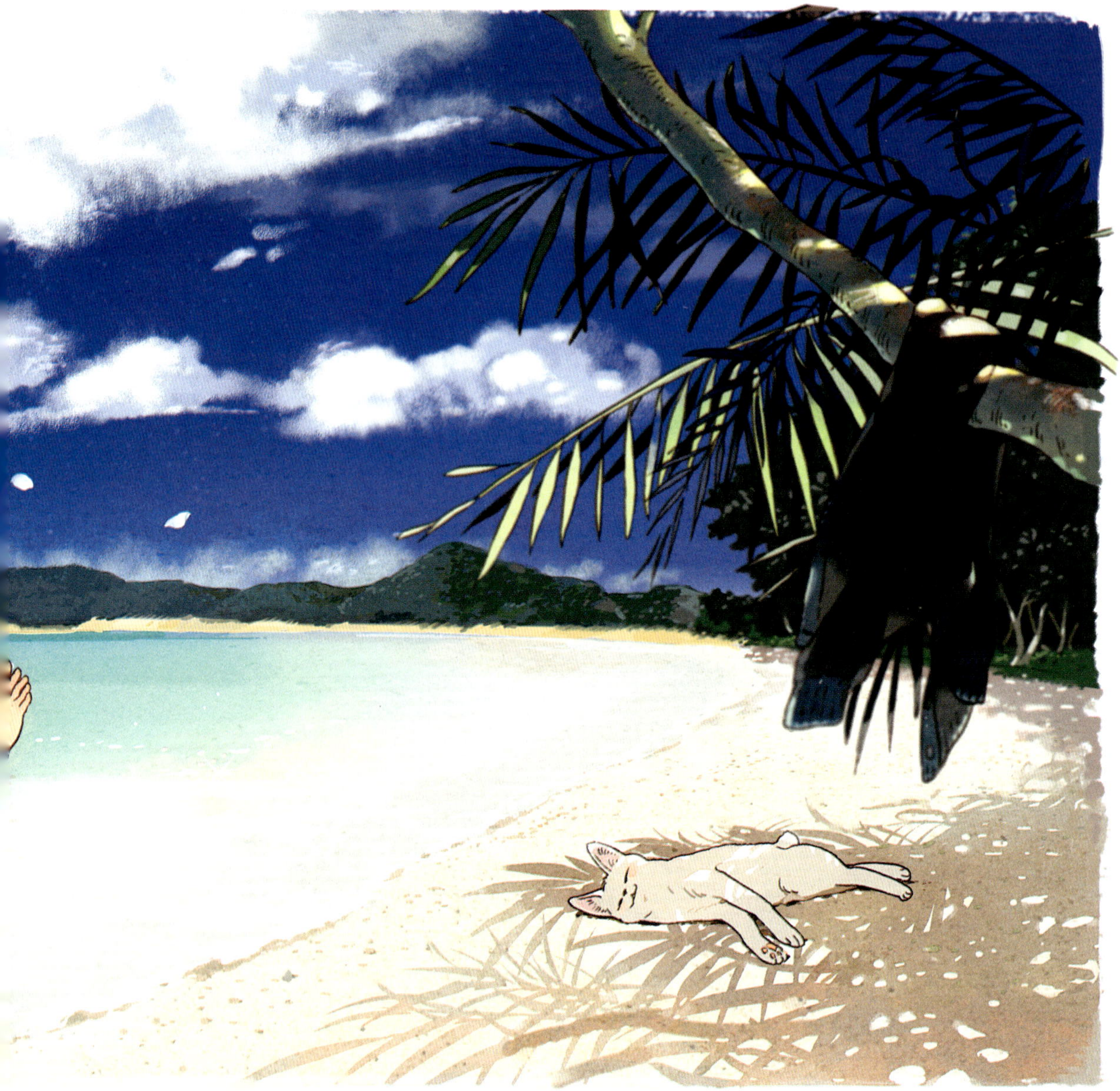

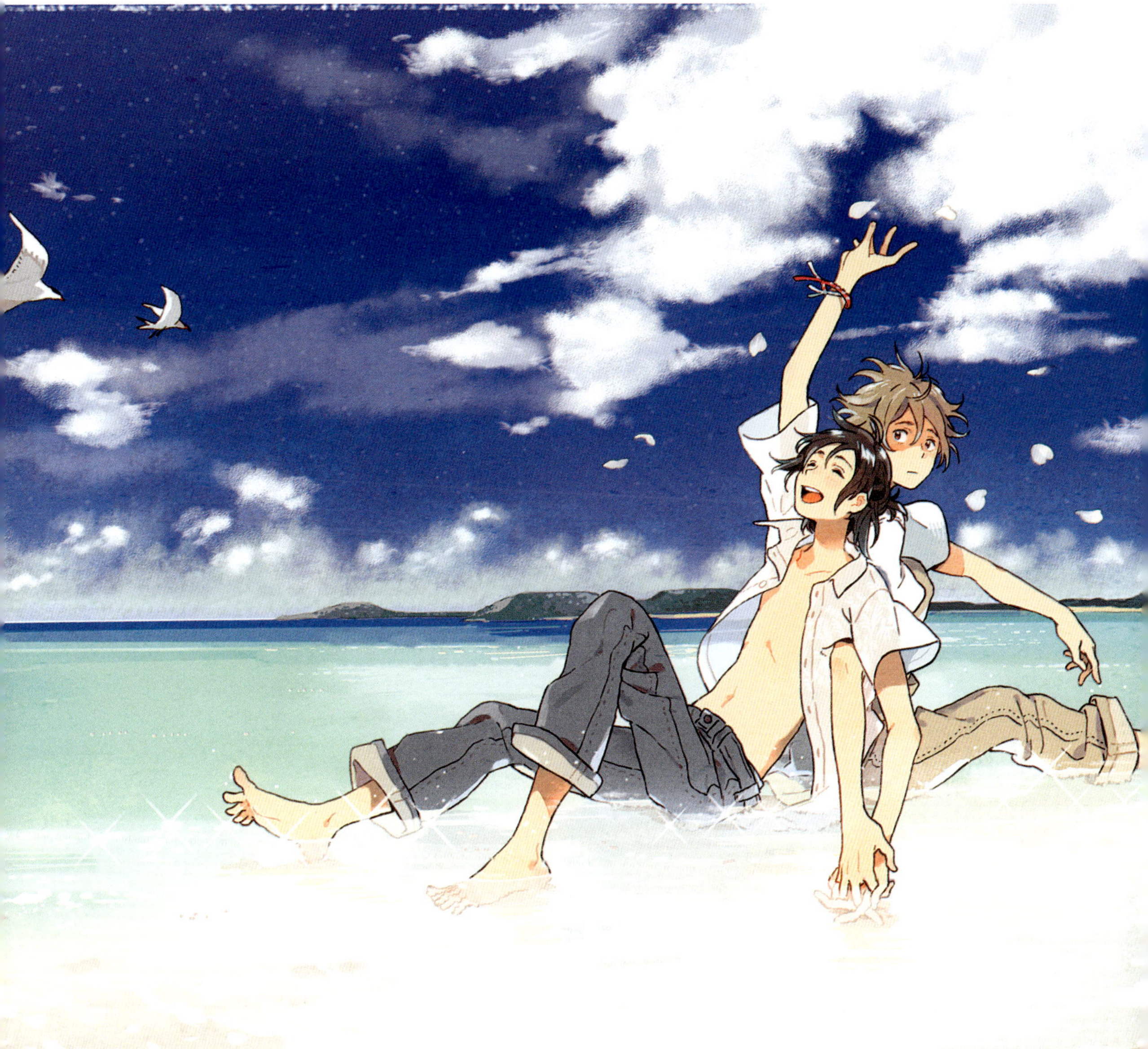

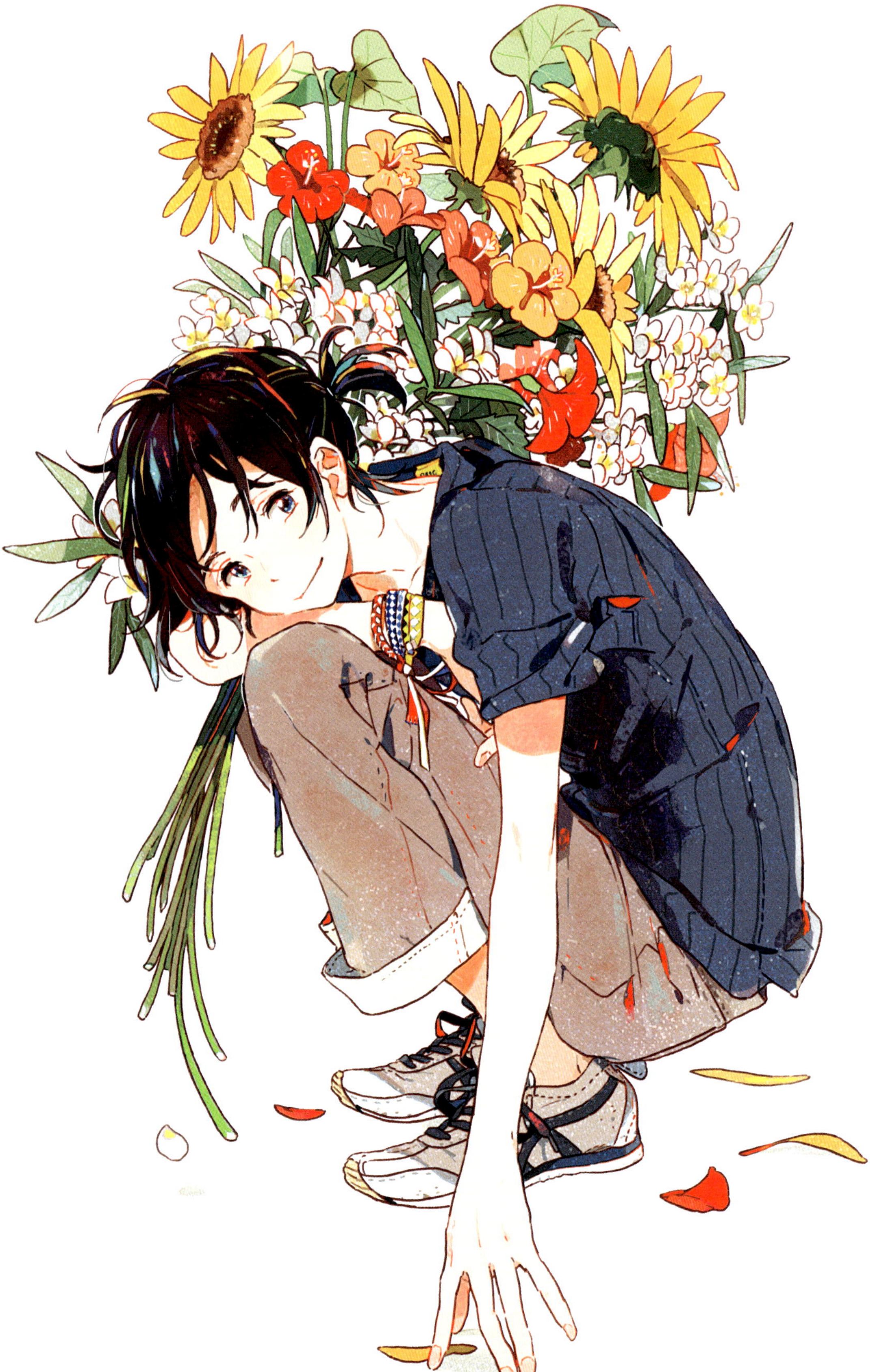

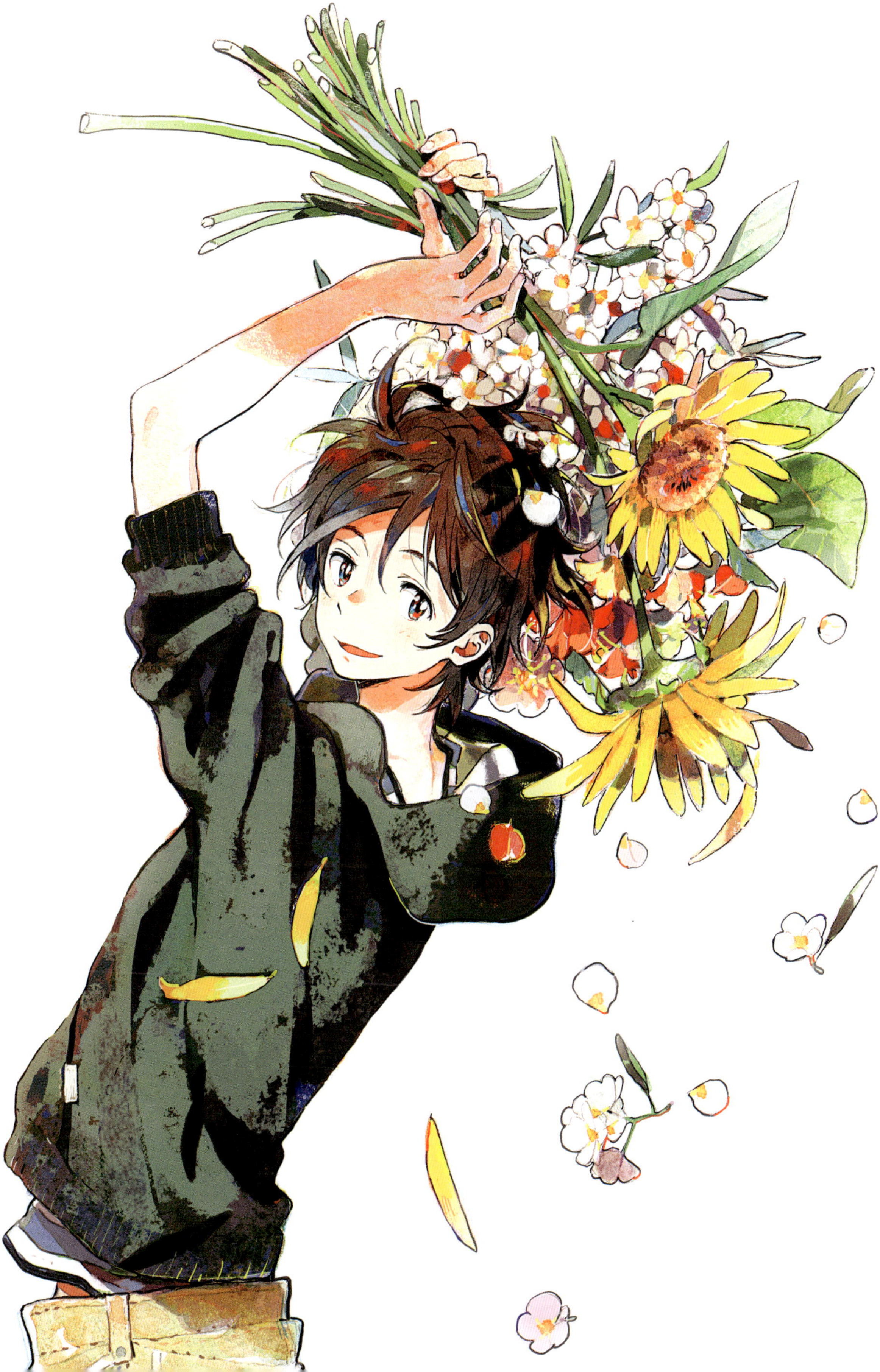

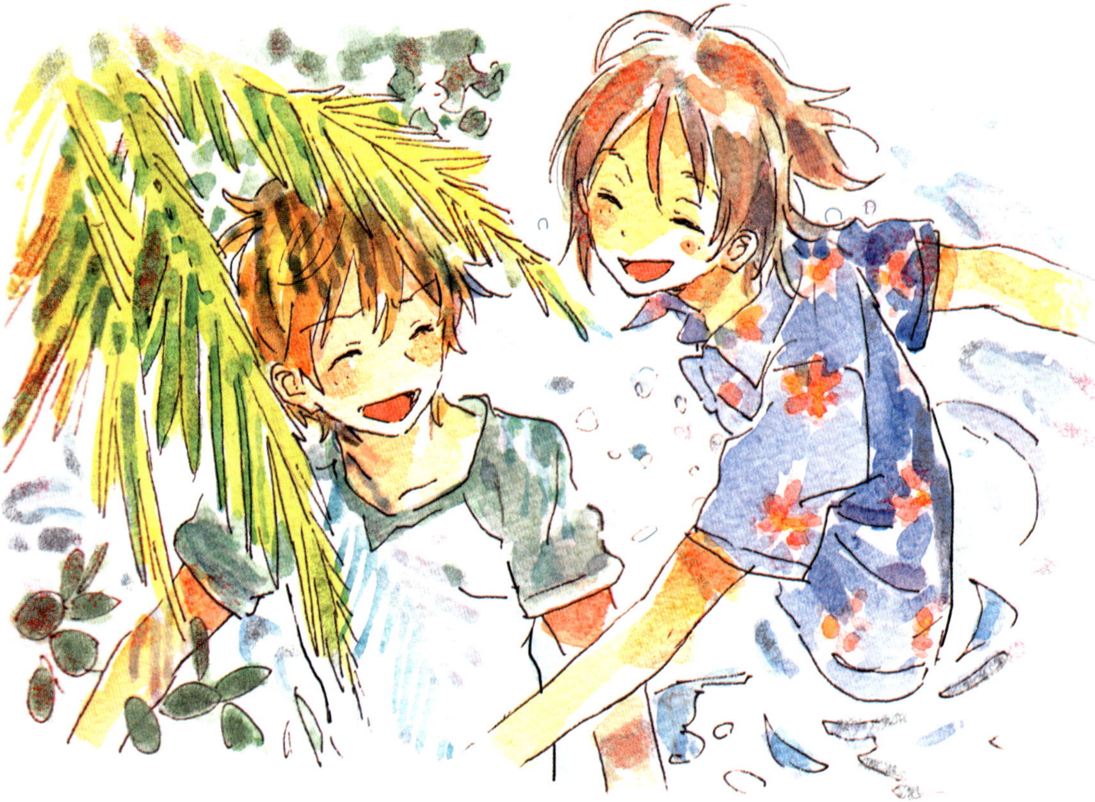
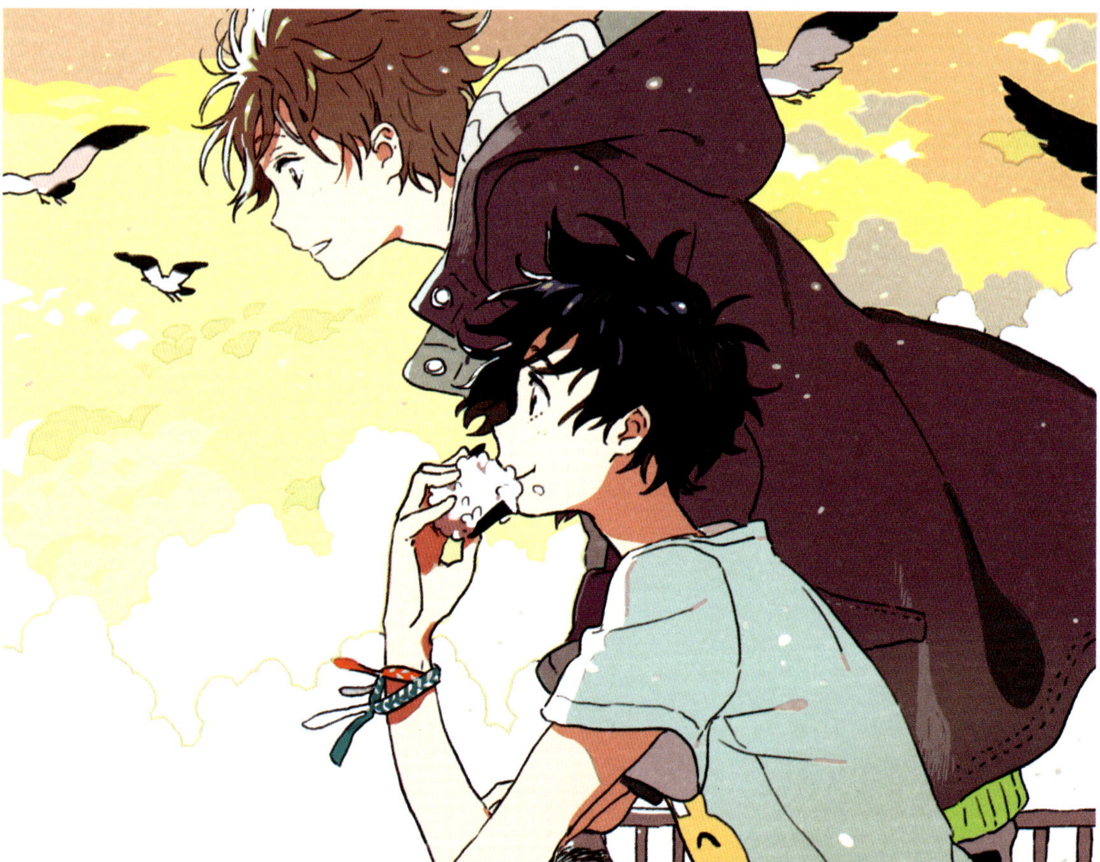

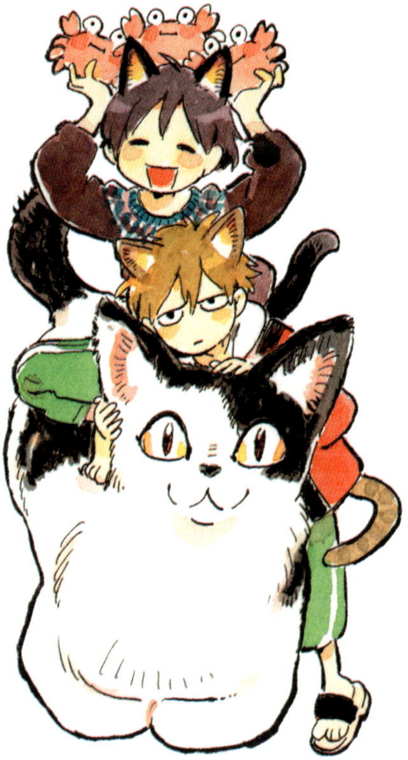

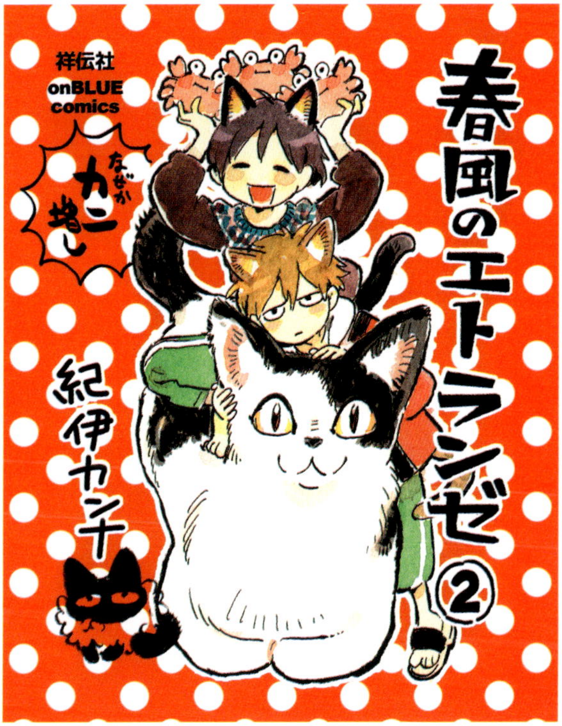

祥伝社
onBLUE comics
春風のエトランゼ ②
なぜかカニ推し
紀伊カンナ

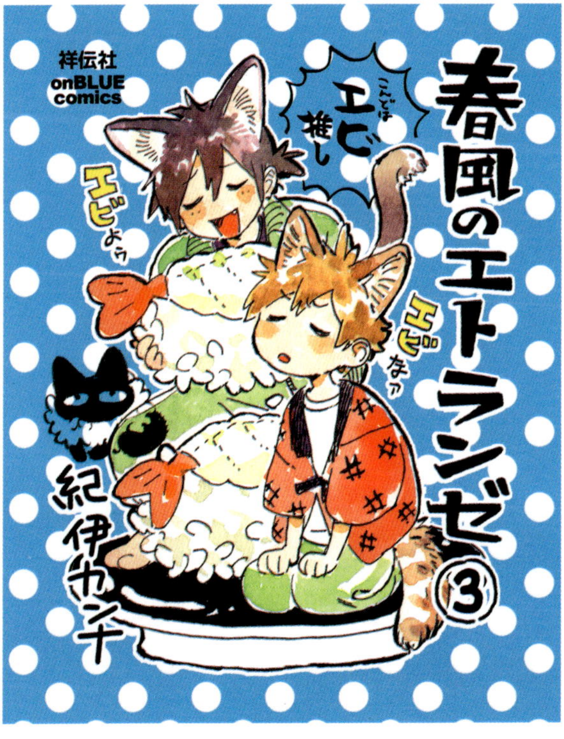

祥伝社
onBLUE comics
春風のエトランゼ ③
こんどはエビ推し
エビよぅ
エビなァ
紀伊カンナ

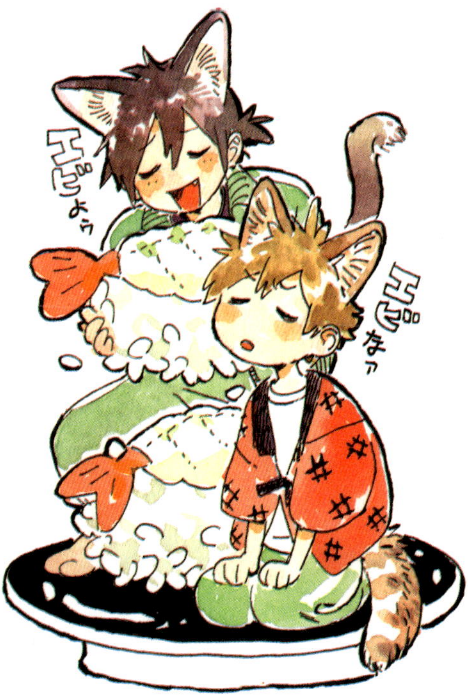

エビよぅ
エビなァ

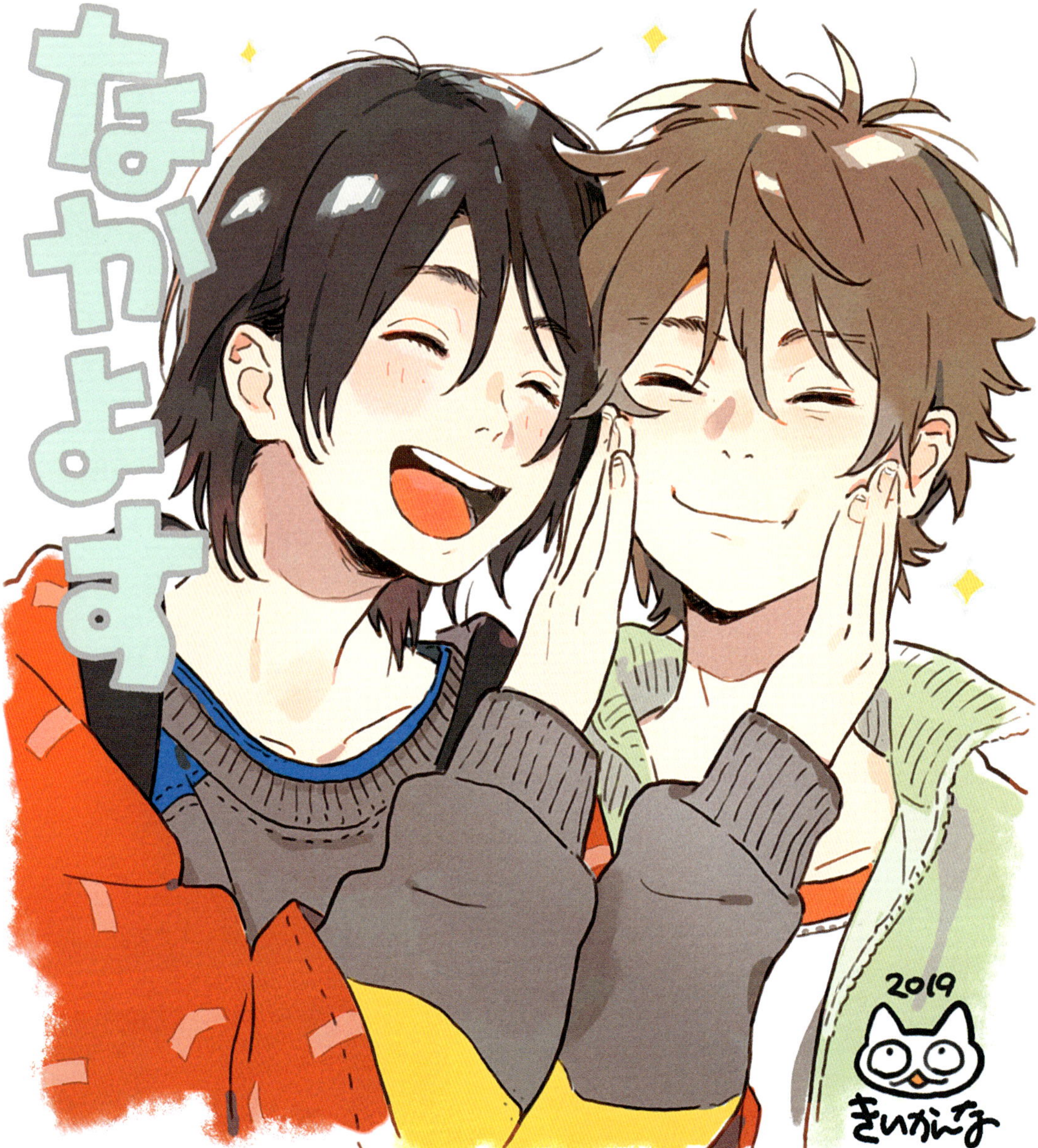
なかよし
2019
きいかんな

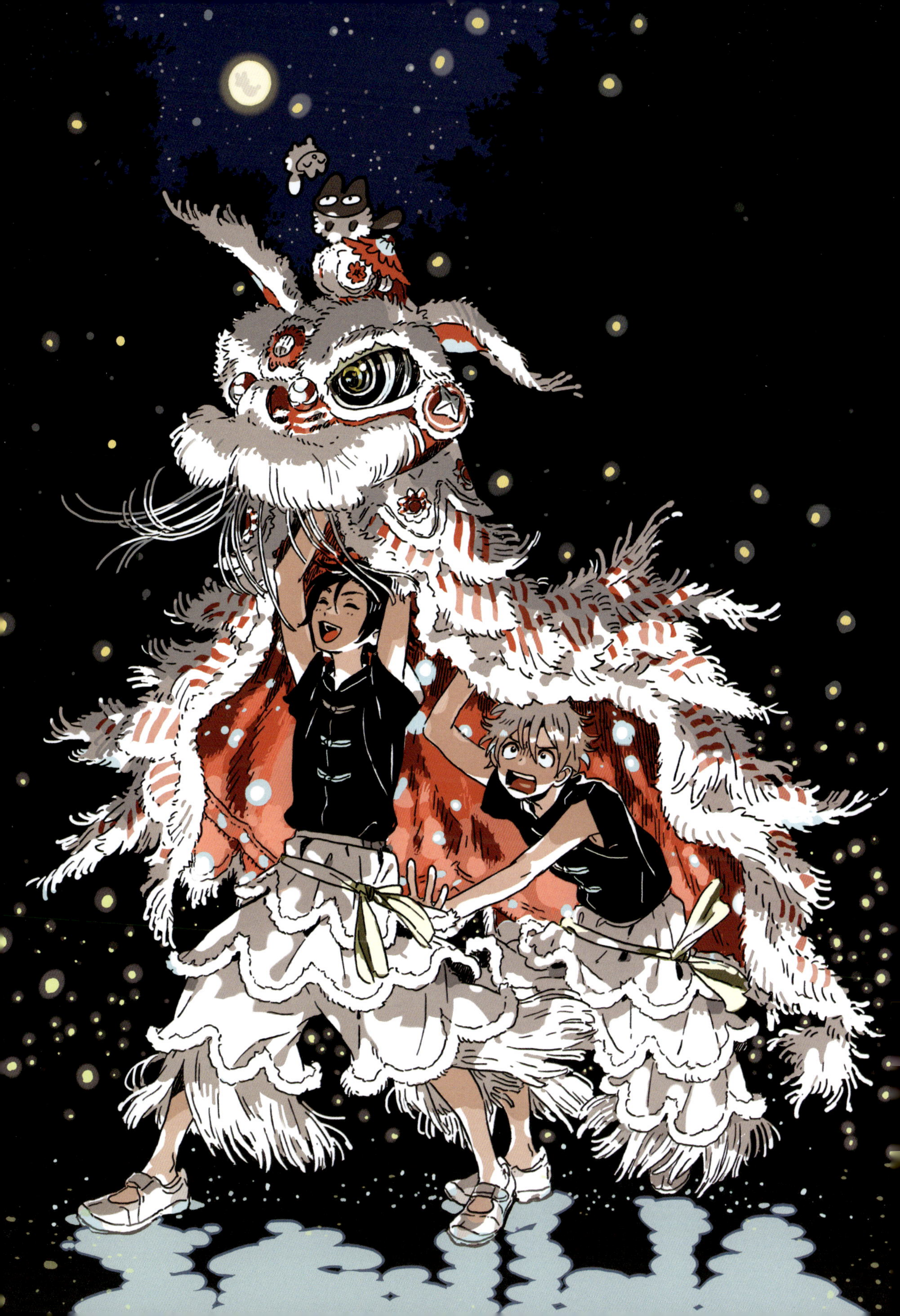

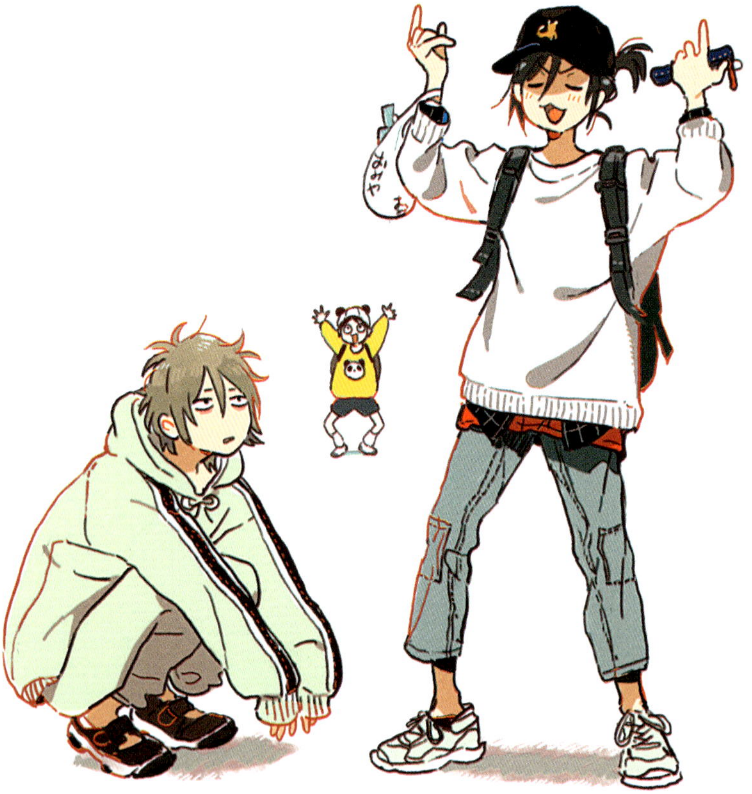

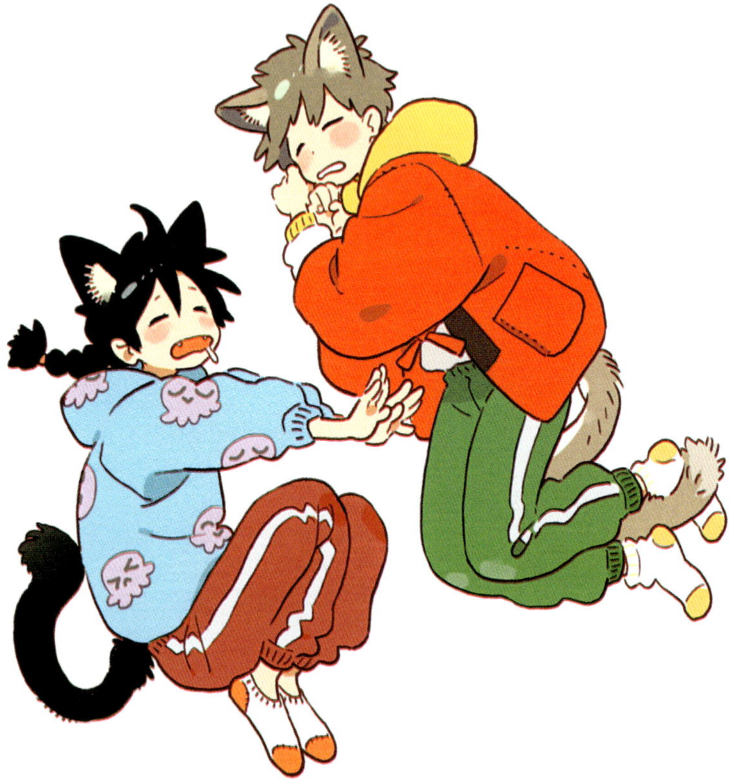

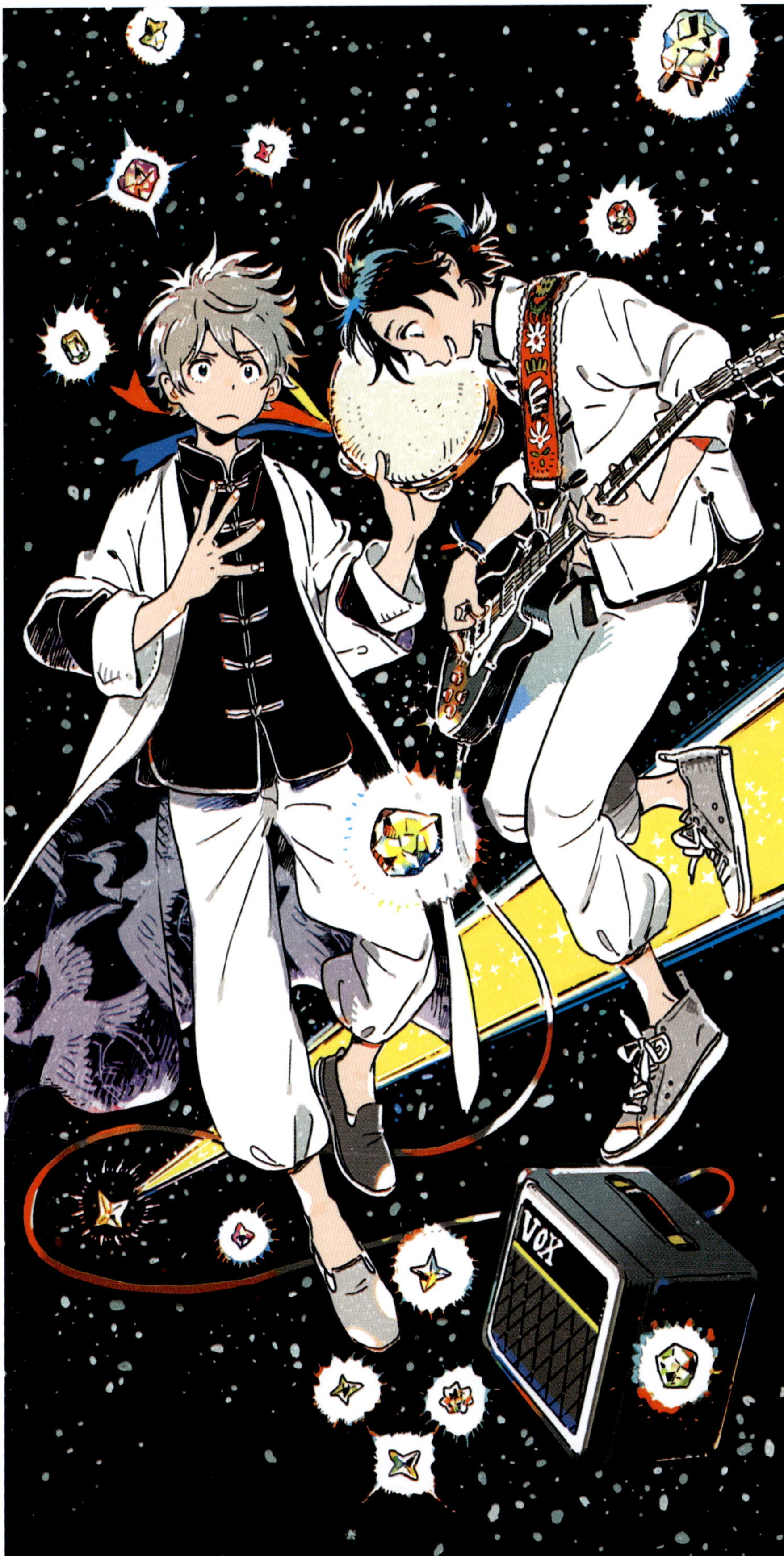
VOX

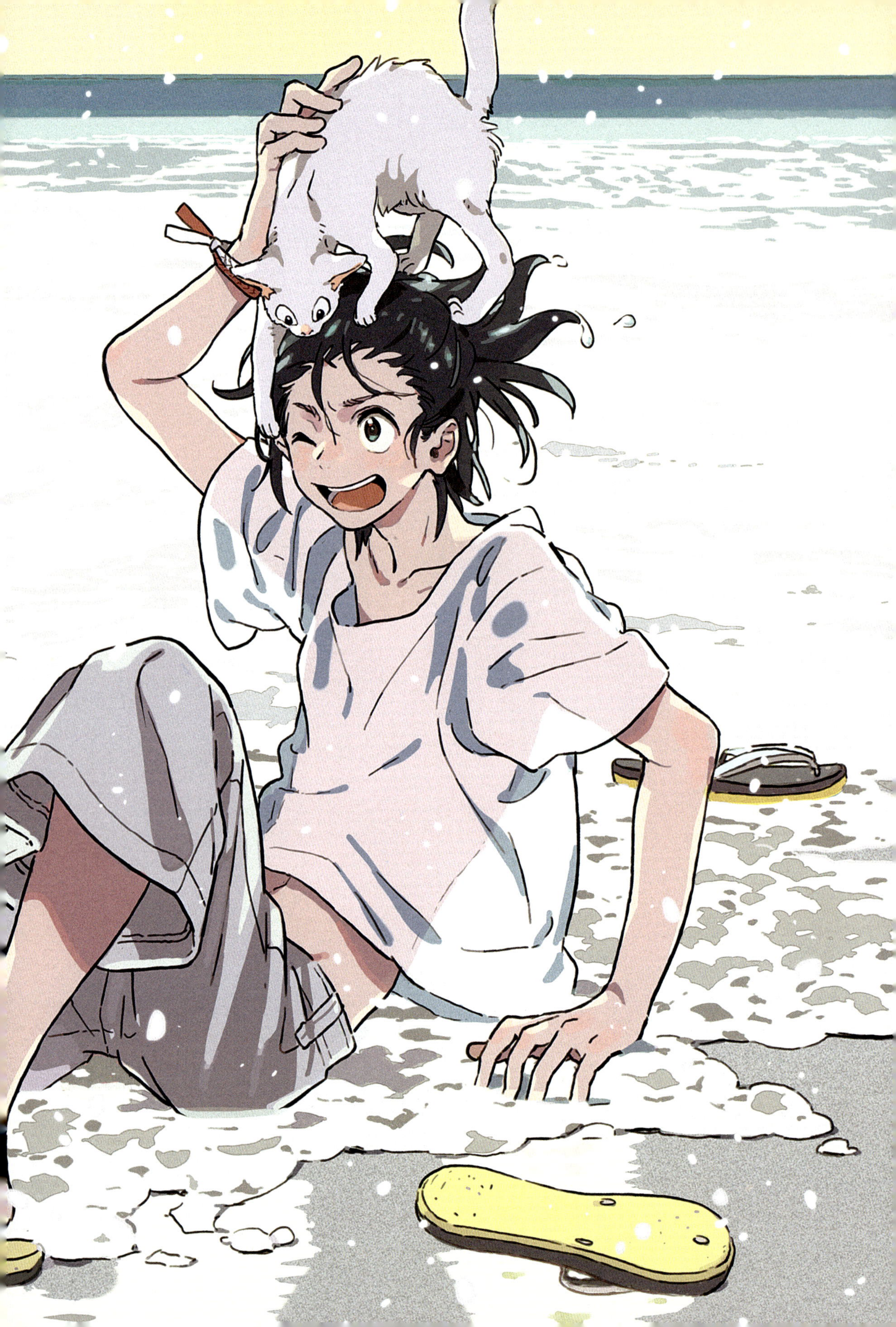

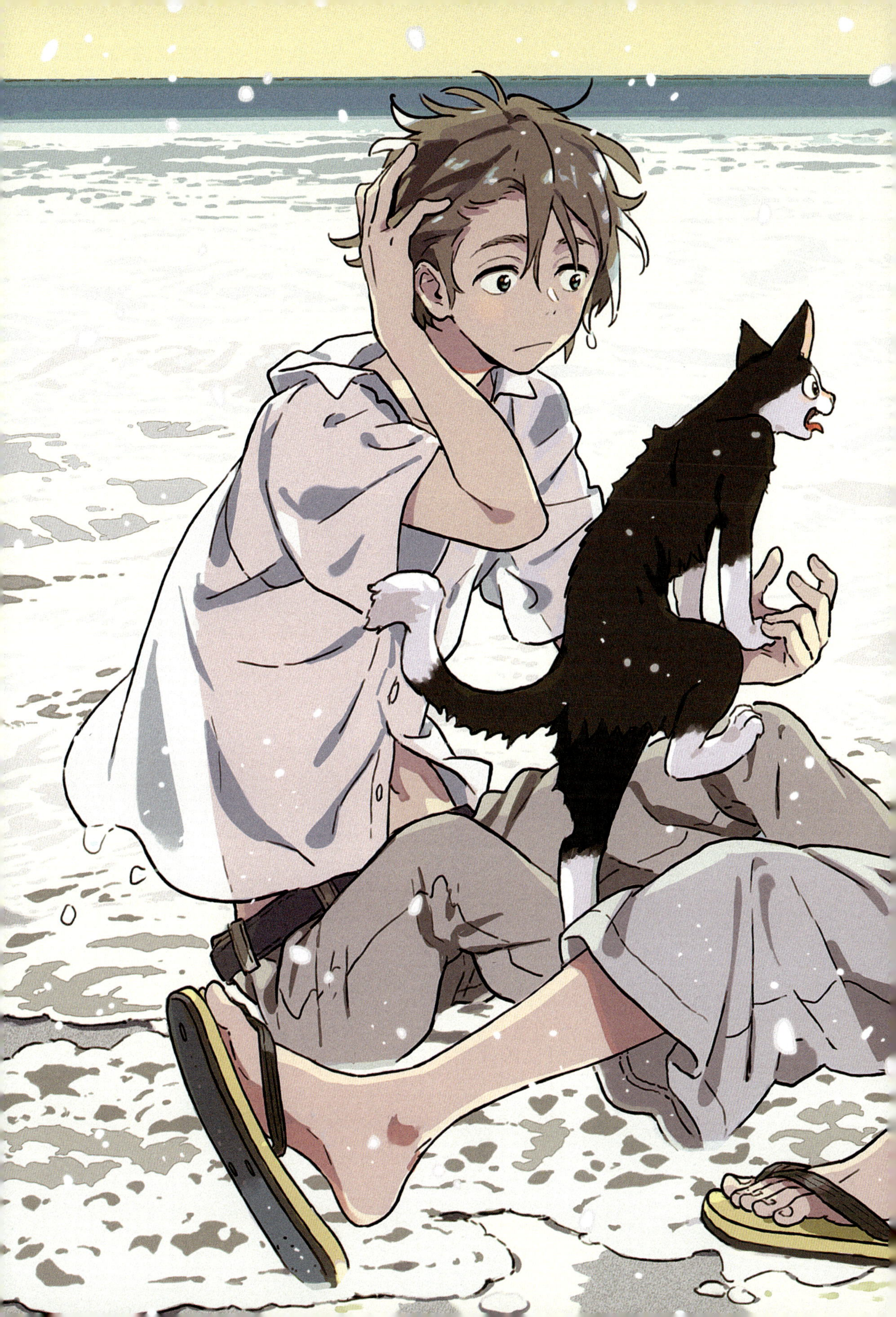

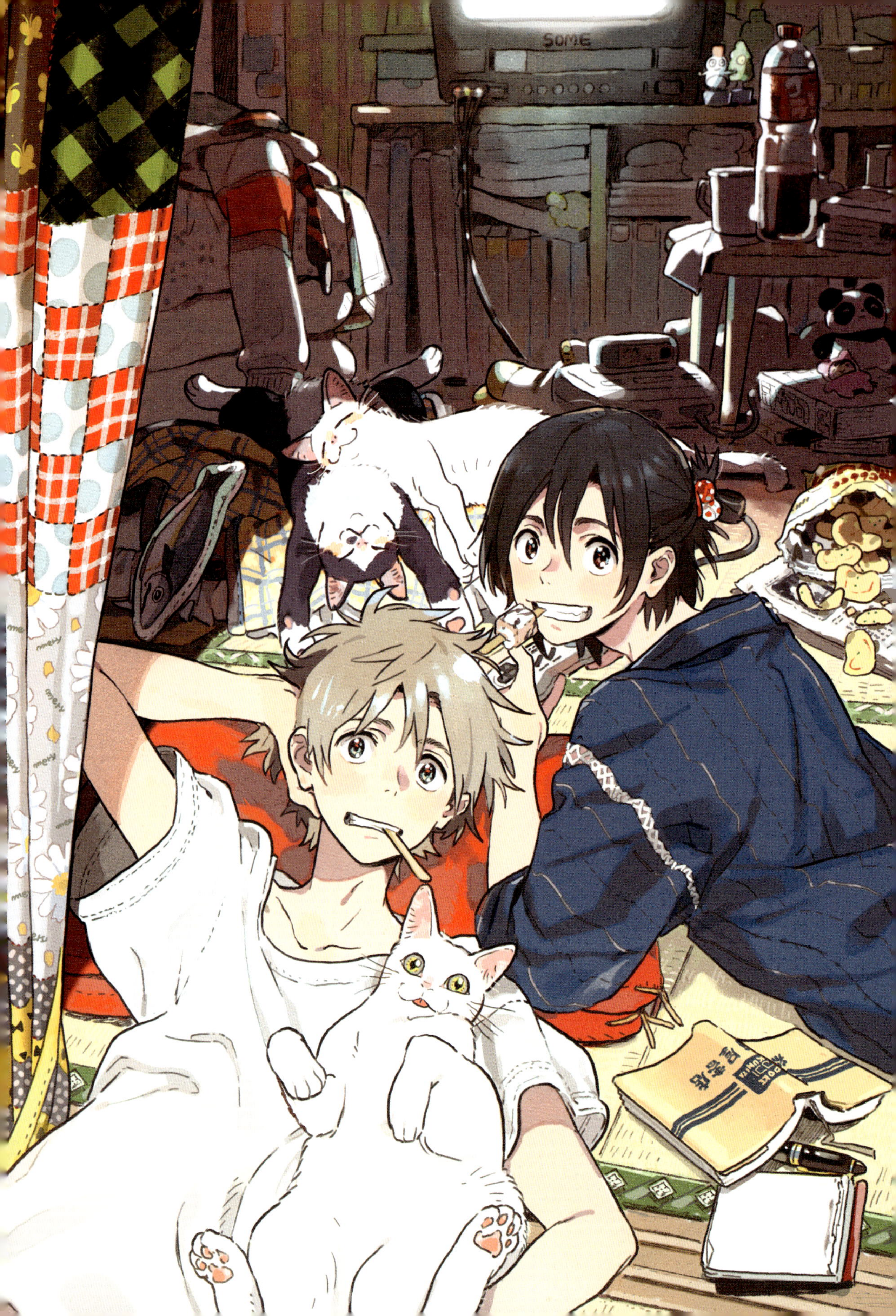
SOME

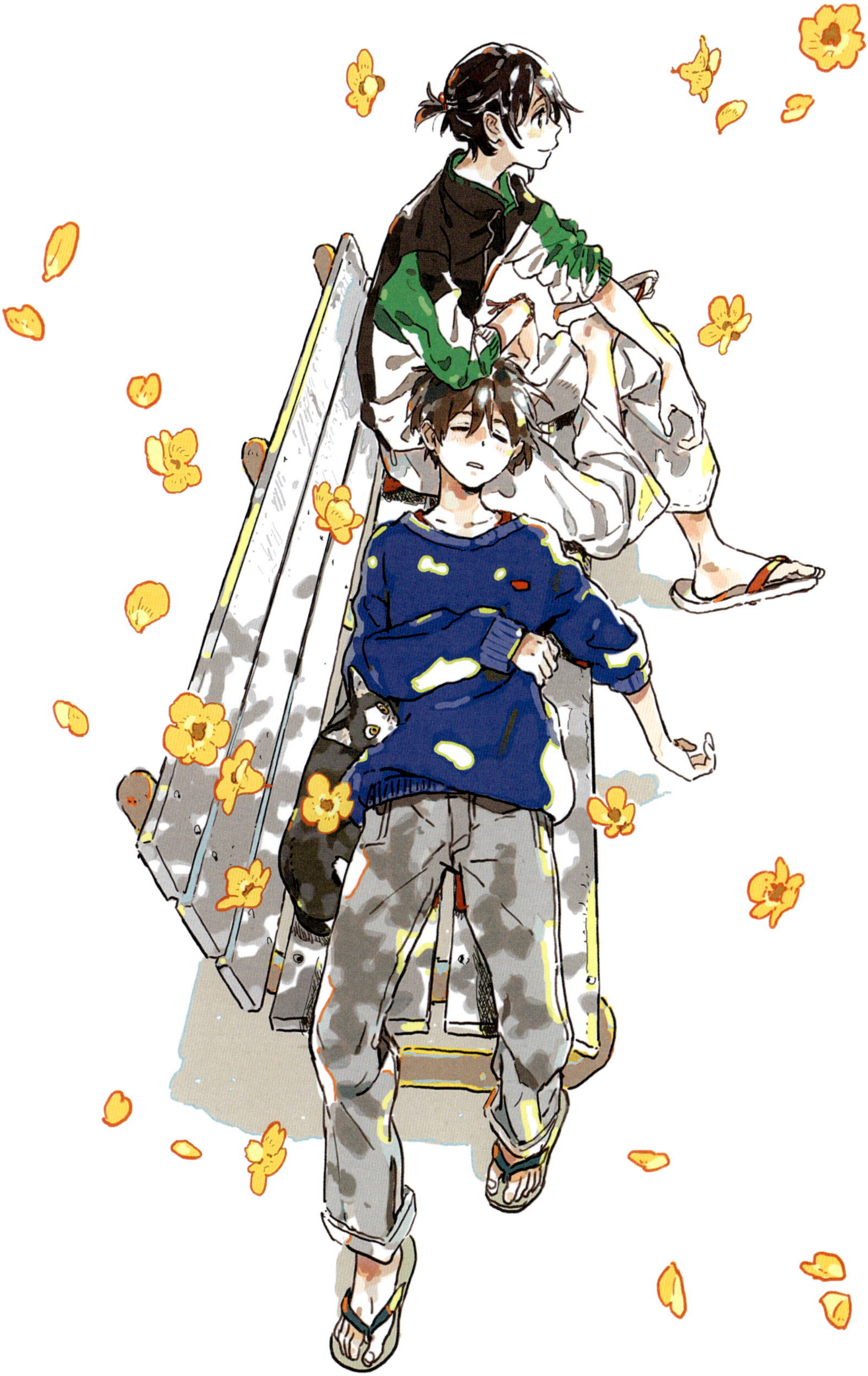

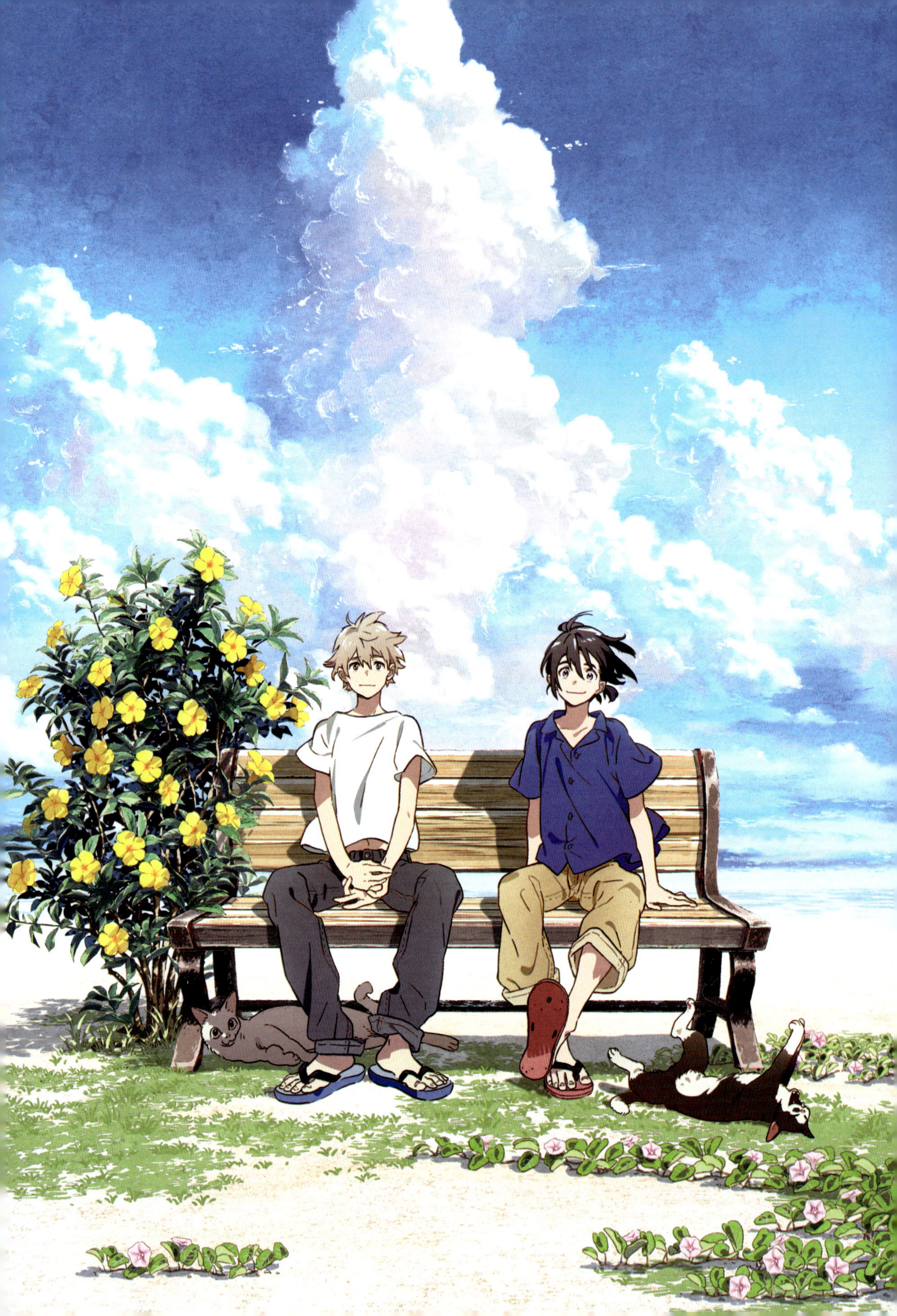

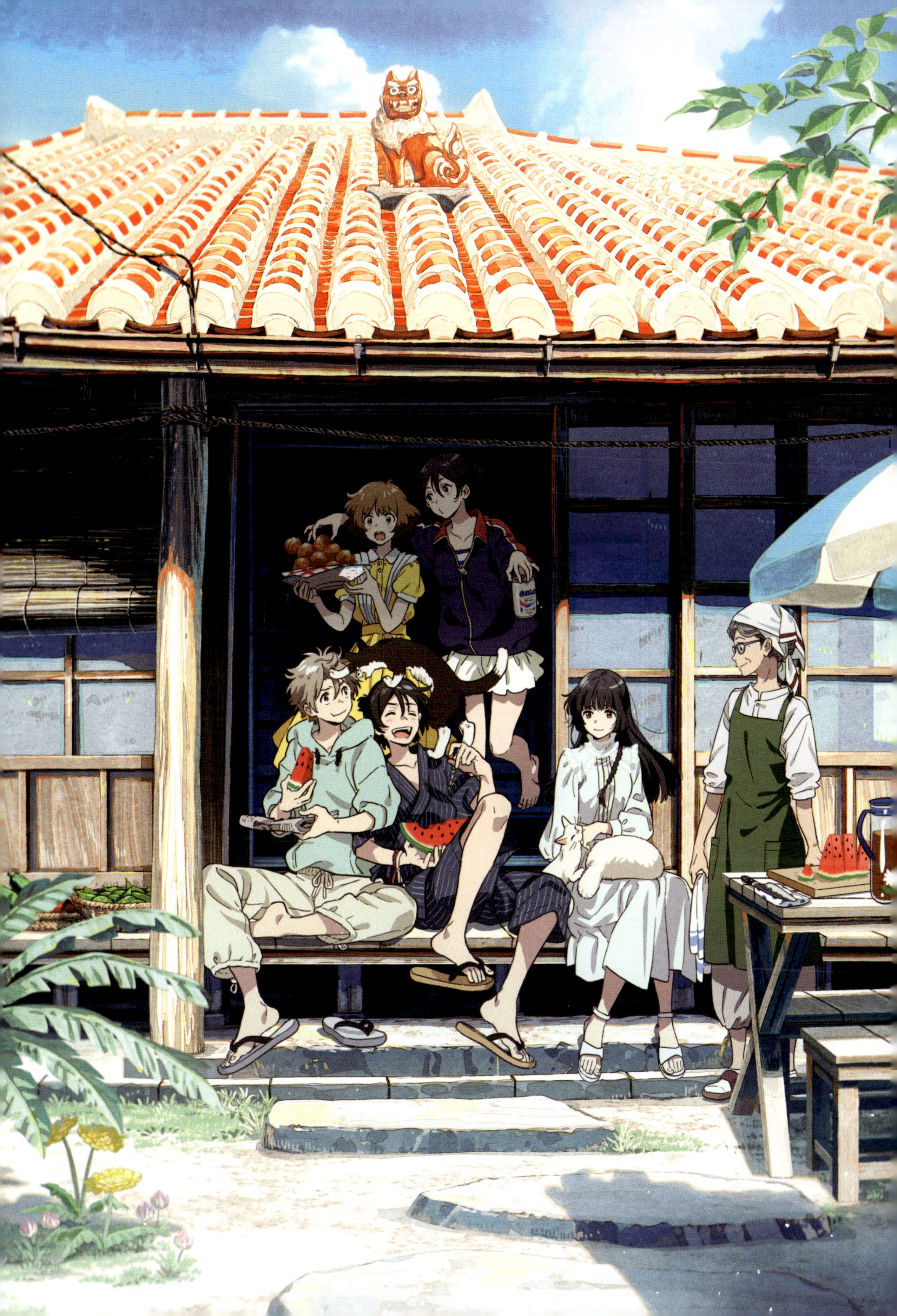

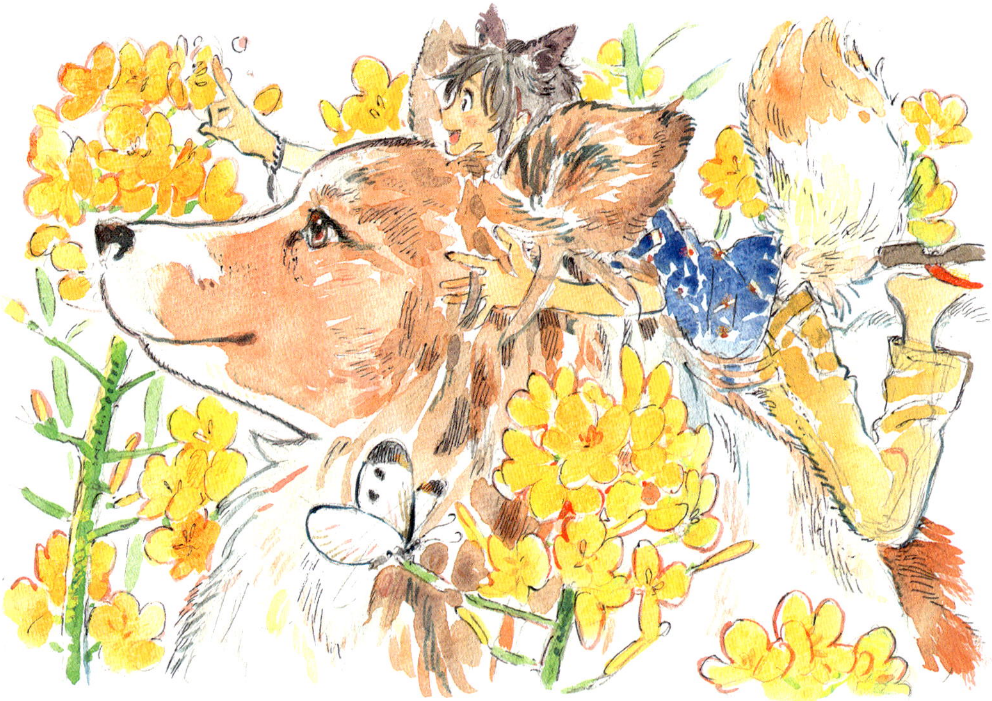

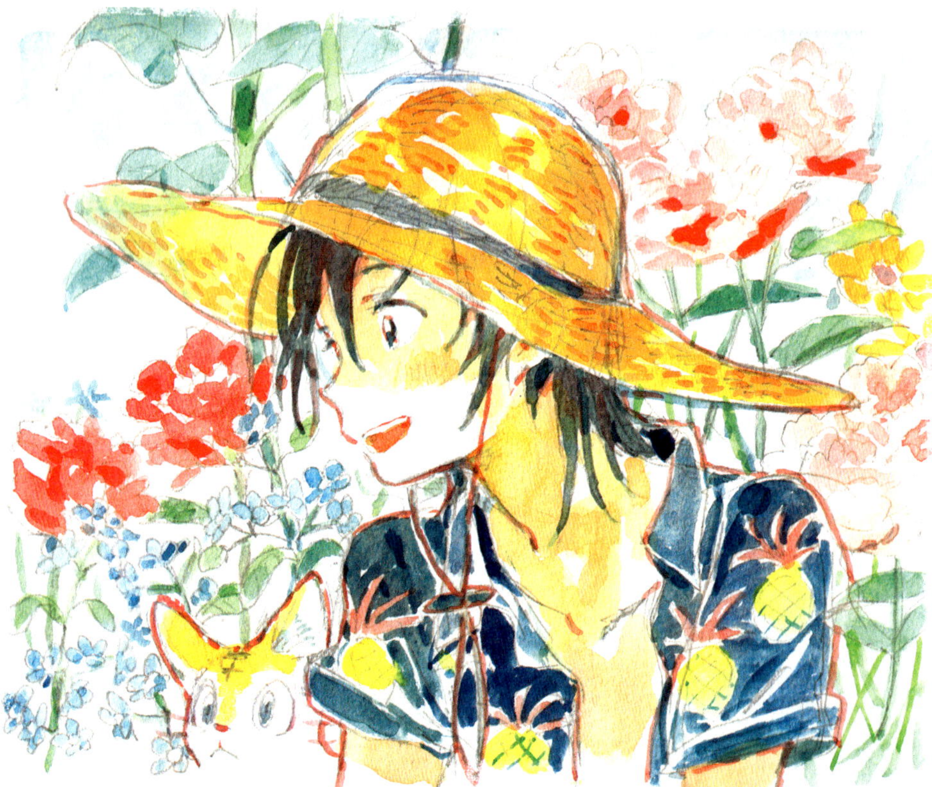

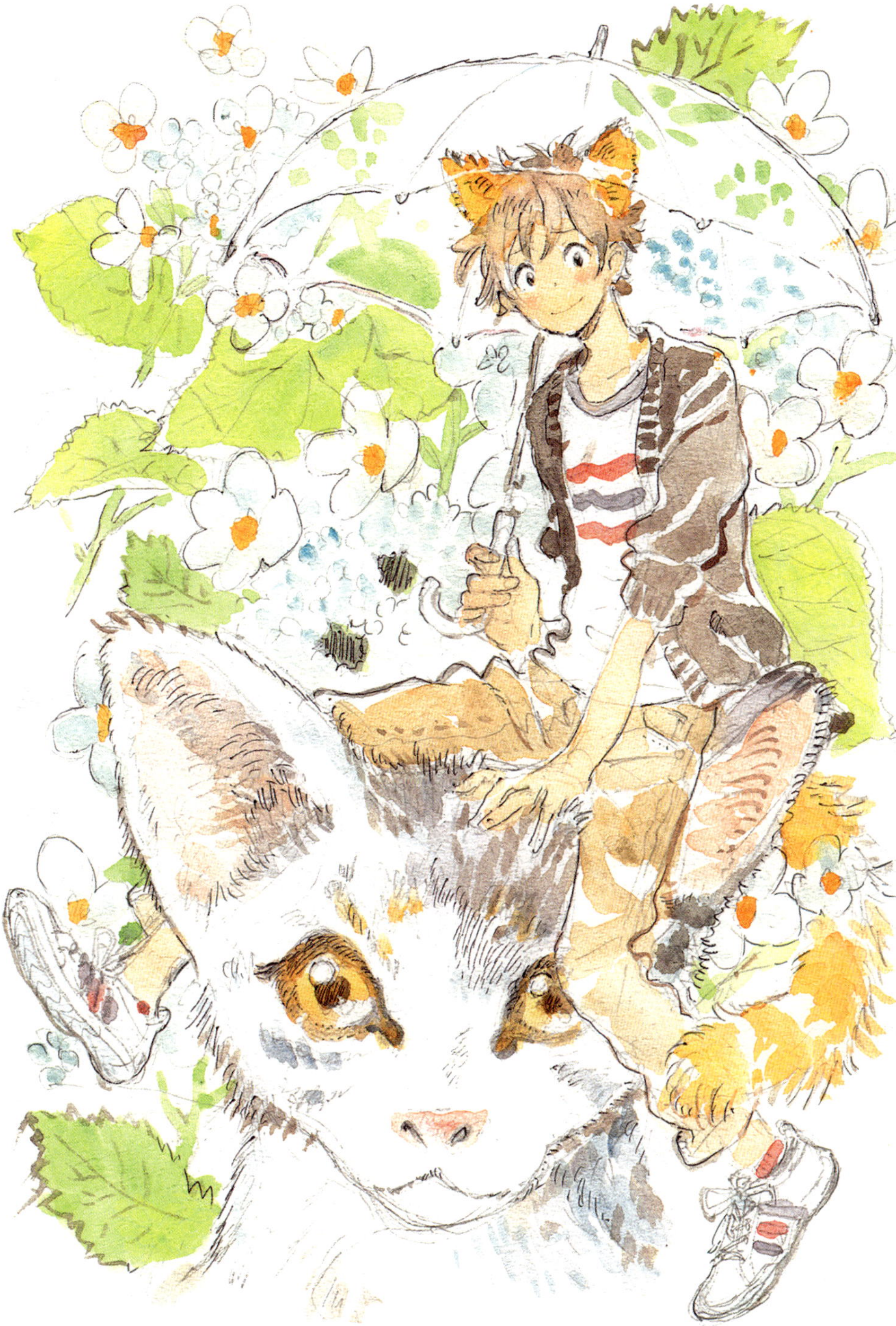

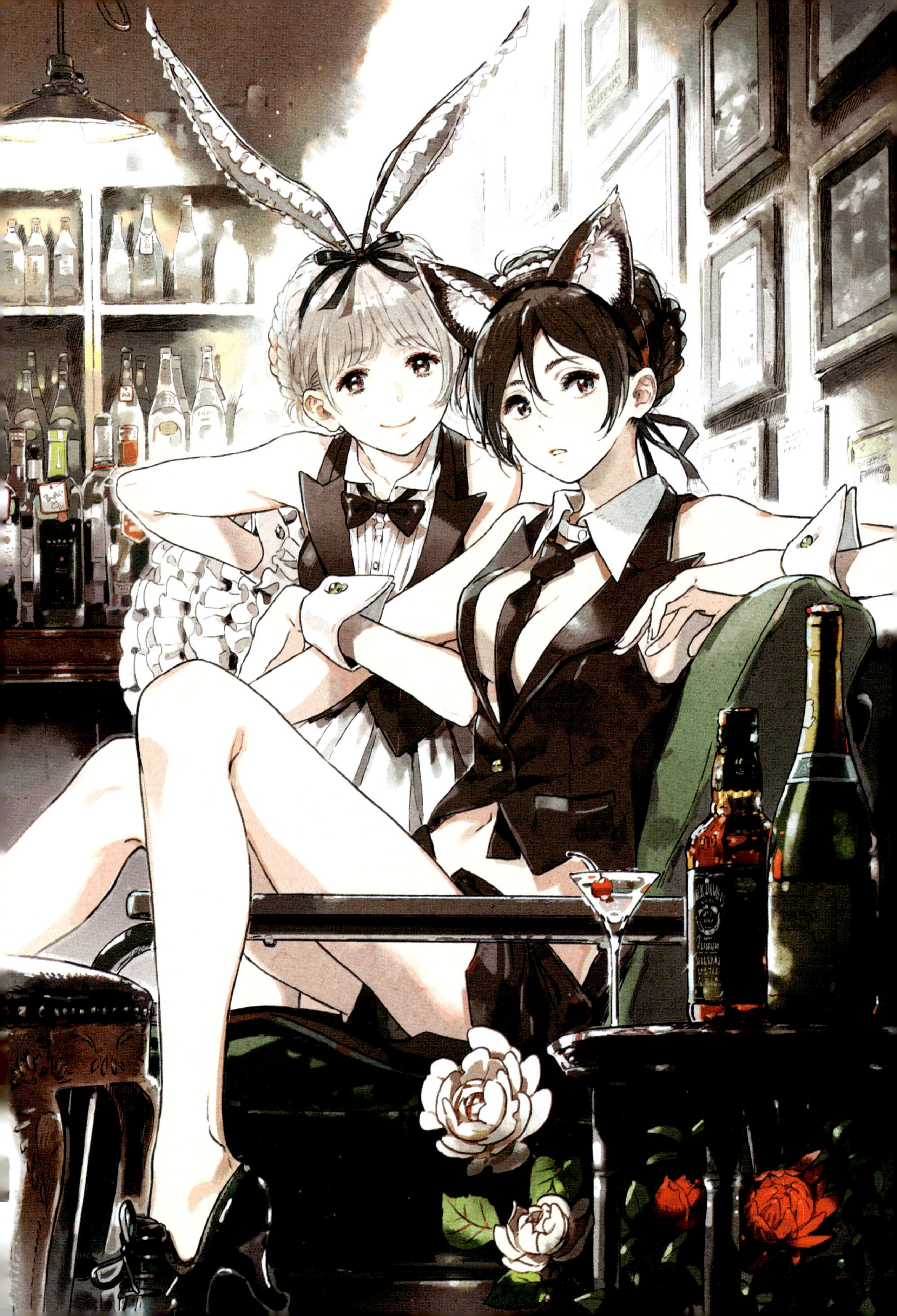

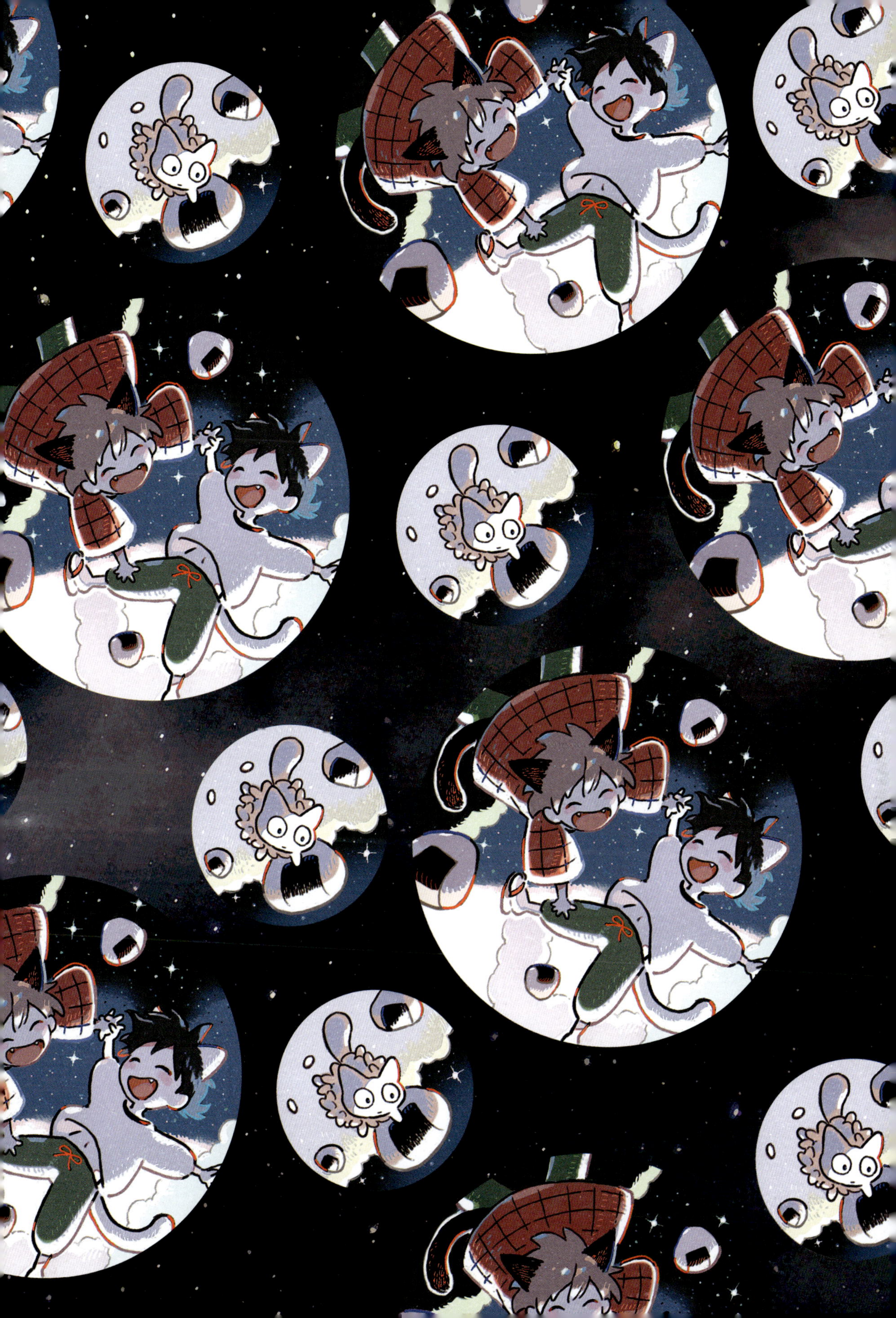

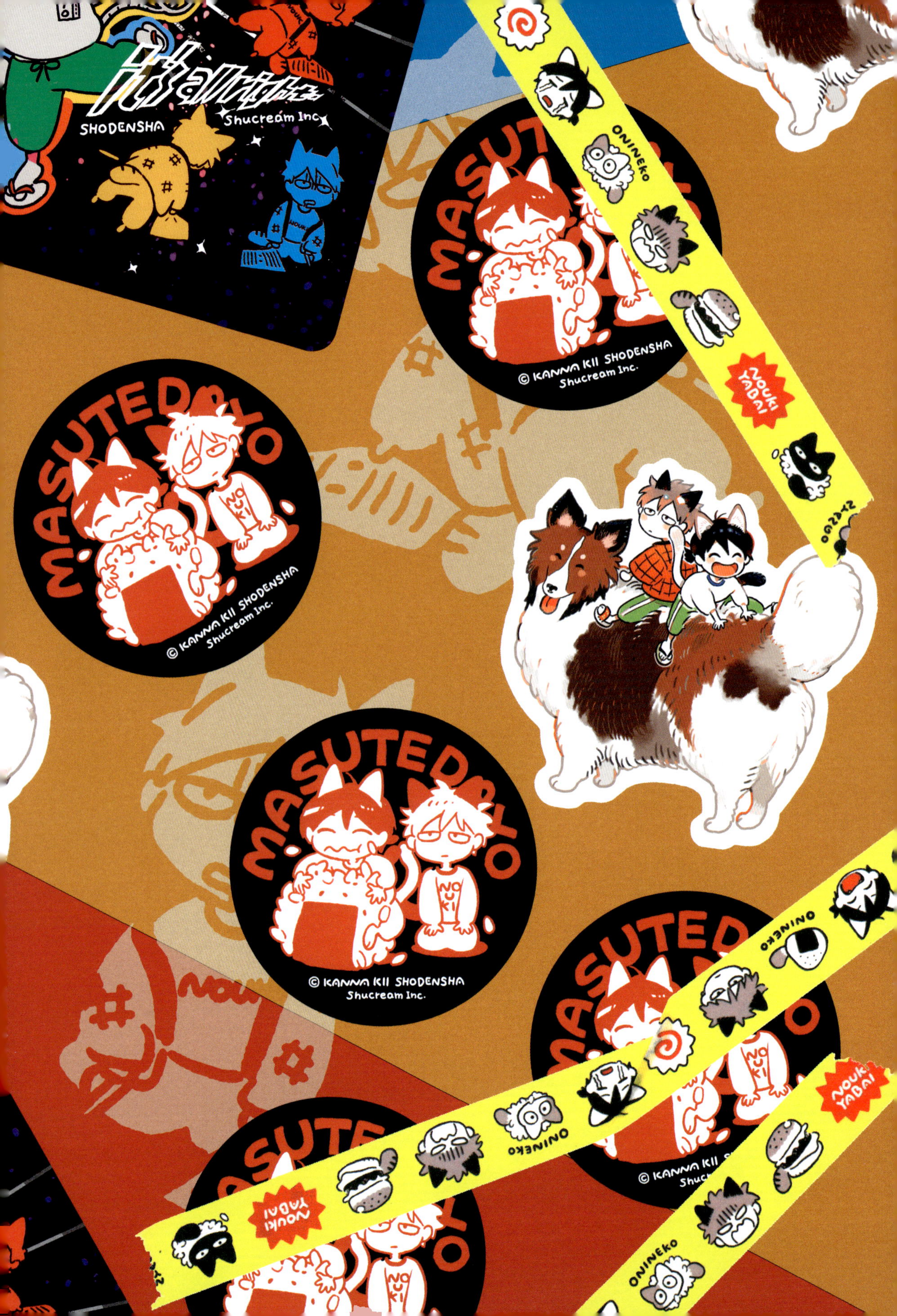
SHODENSHA
Shucream Inc.
© KANNA KII SHODENSHA
Shucream Inc.
© KANNA KII SHODENSHA
Shucream Inc.
© KANNA KII SHODENSHA
Shucream Inc.
ONINEKO
NOUKI YABAI
ONINEKO
NOUKI YABAI
ONINEKO

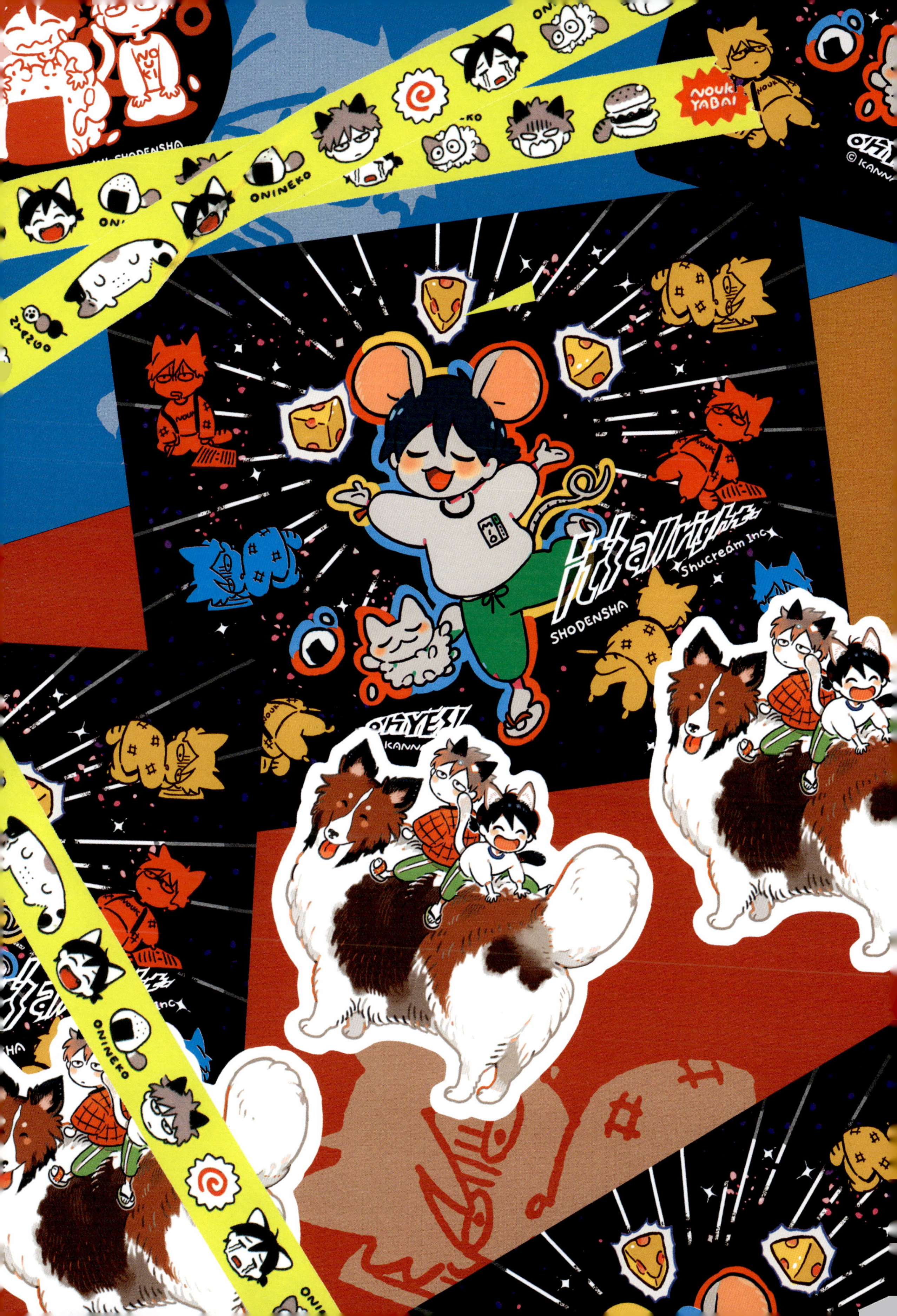

ONINEKO
NOUKI YABAI
SHODENSHA
Shucream Inc.

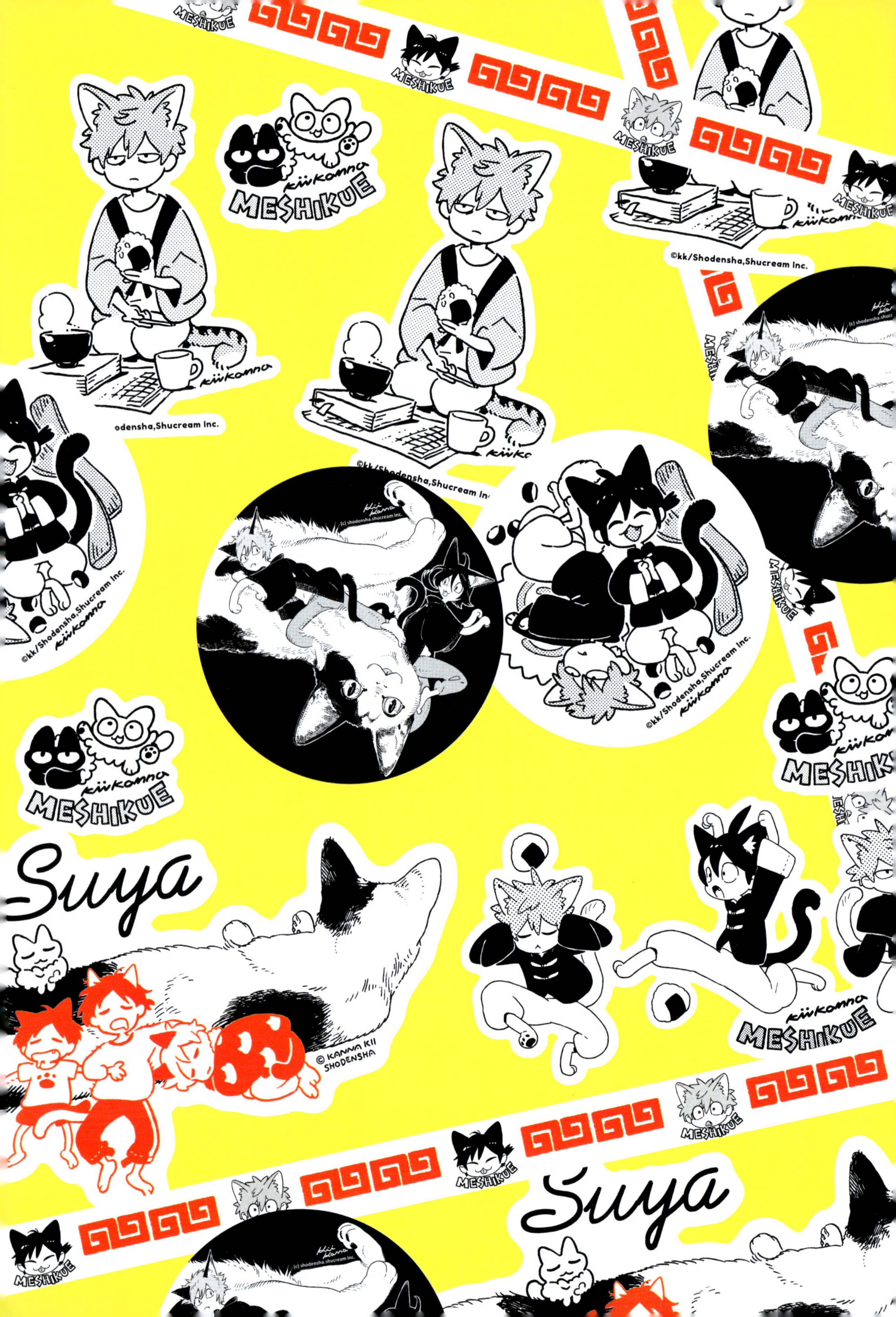

kiikonna
MESHIKUE
©kk/Shodensha,Shucream Inc.
Suya
© KANNA KII SHODENSHA

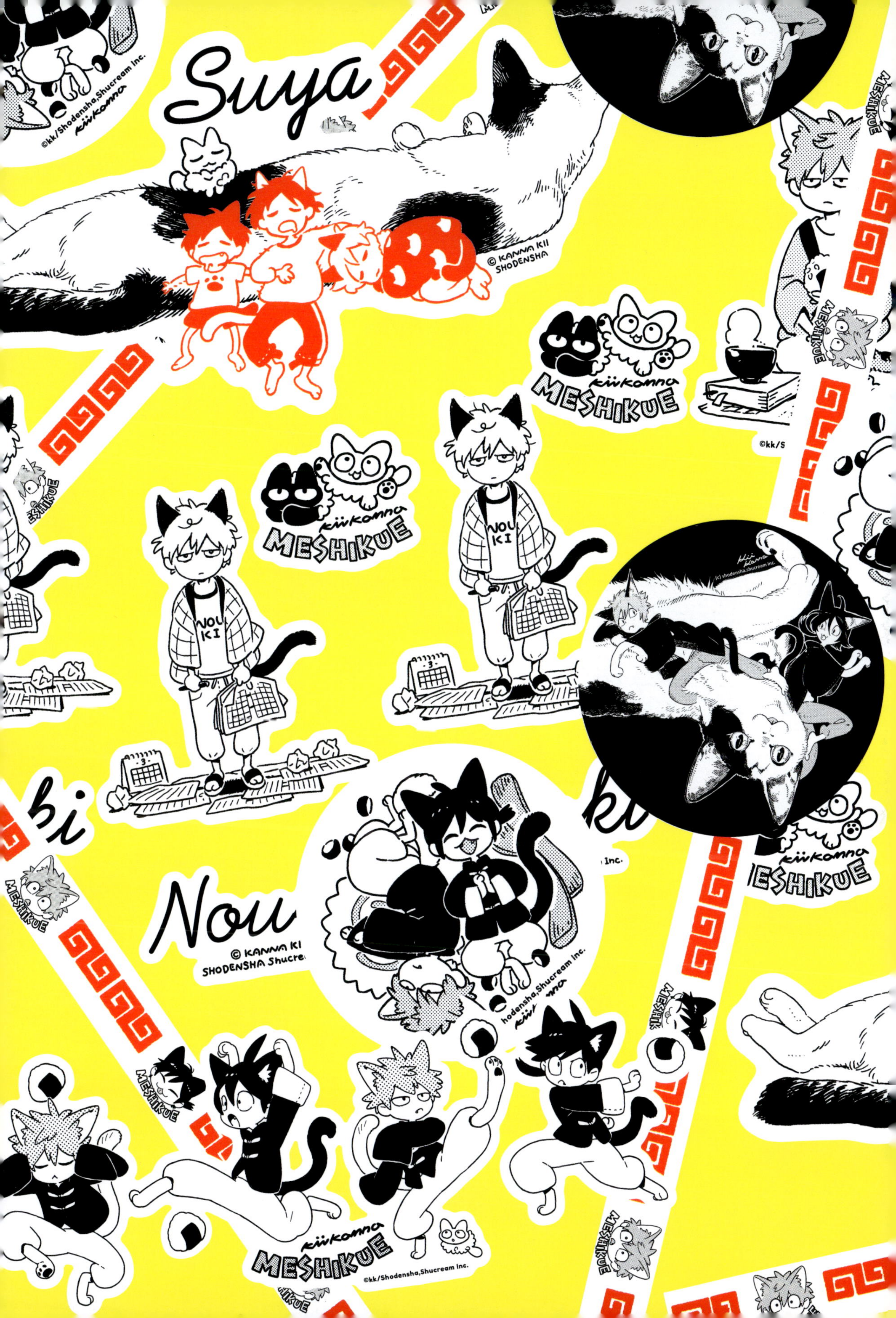

Suya
©kk/Shodensha,Shucream Inc.
kiikanna
© KANNA KII
SHODENSHA
MESHIKUE
kiikanna
MESHIKUE
NOU
KI
(c) shodensha,shucream Inc.
Nou
© KANNA KI
kiikanna
MESHIKUE
©kk/Shodensha,Shucream Inc.

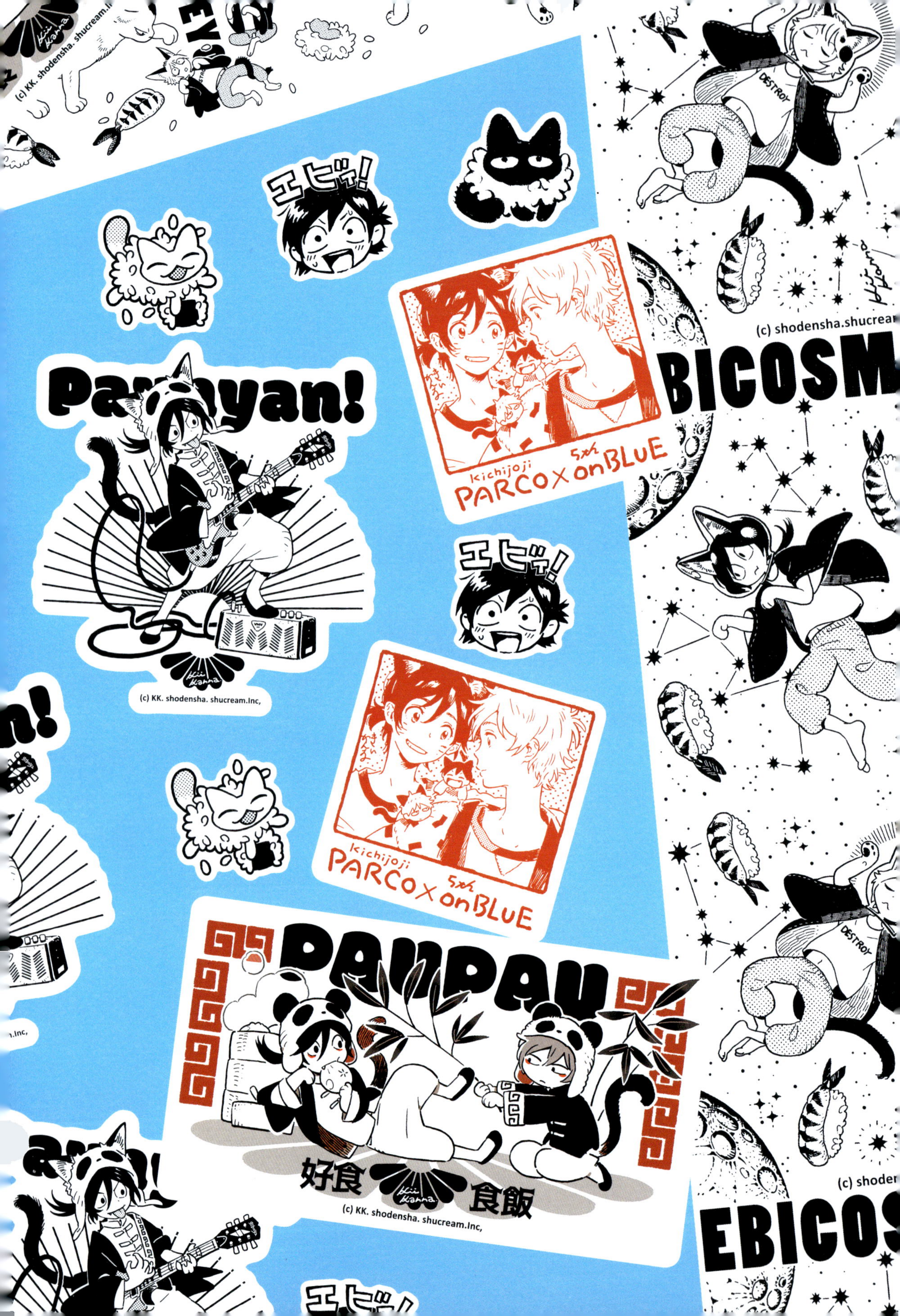
エビィ!
kichijoji
PARCO x onBLUE
(c) KK. shodensha. shucream.Inc,
エビィ!
kichijoji
PARCO x onBLUE
好食
食飯
(c) KK. shodensha. shucream.Inc,
(c) shodensha.shucream
BICOSM
EBICOS
DESTROY

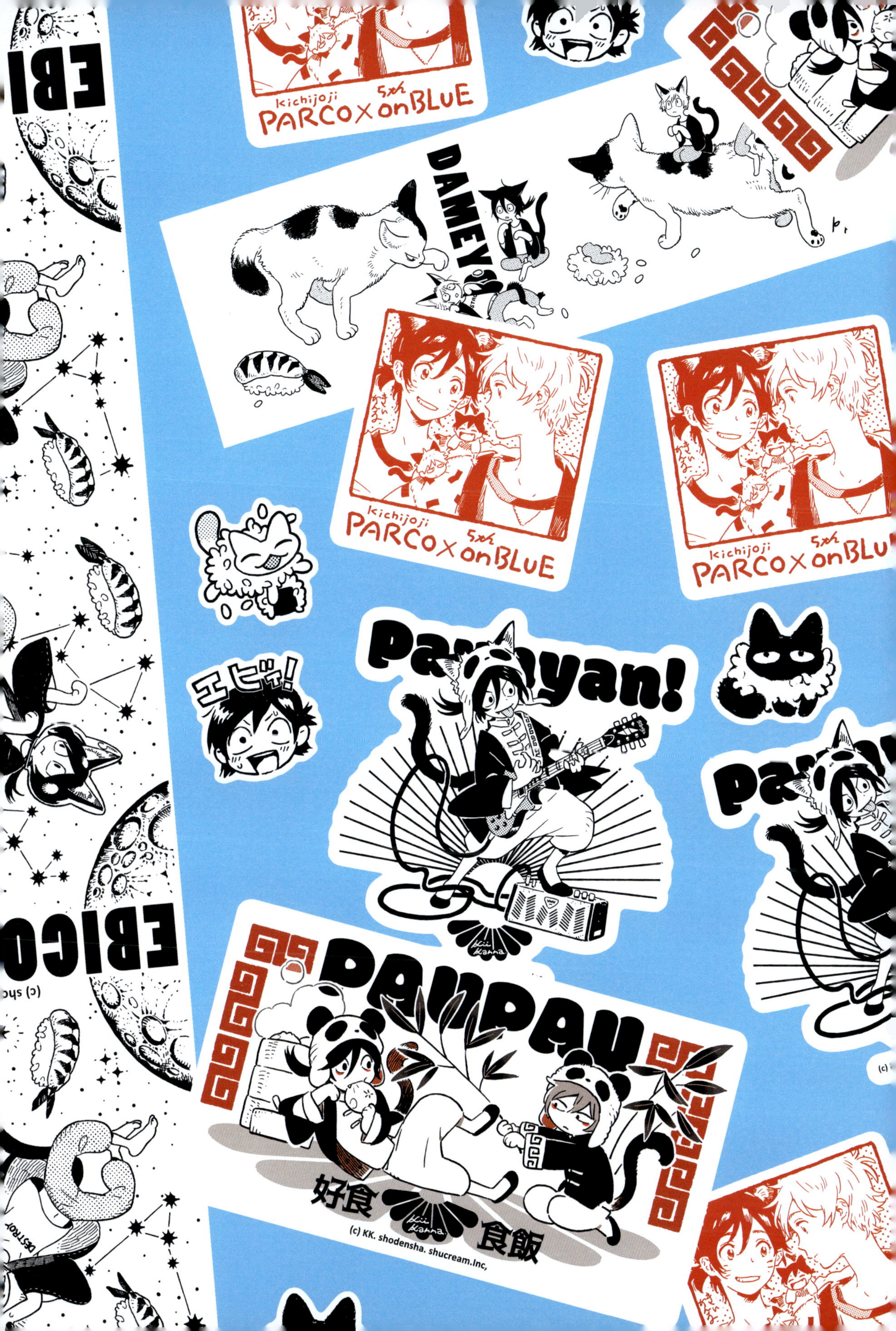
kichijoji
PARCO×onBLUE
DAMEY
kichijoji
PARCO×onBLUE
kichijoji
PARCO×onBLUE
エビィ！
EBICO
好食
食飯
(c) KK. shodensha. shucream.Inc,

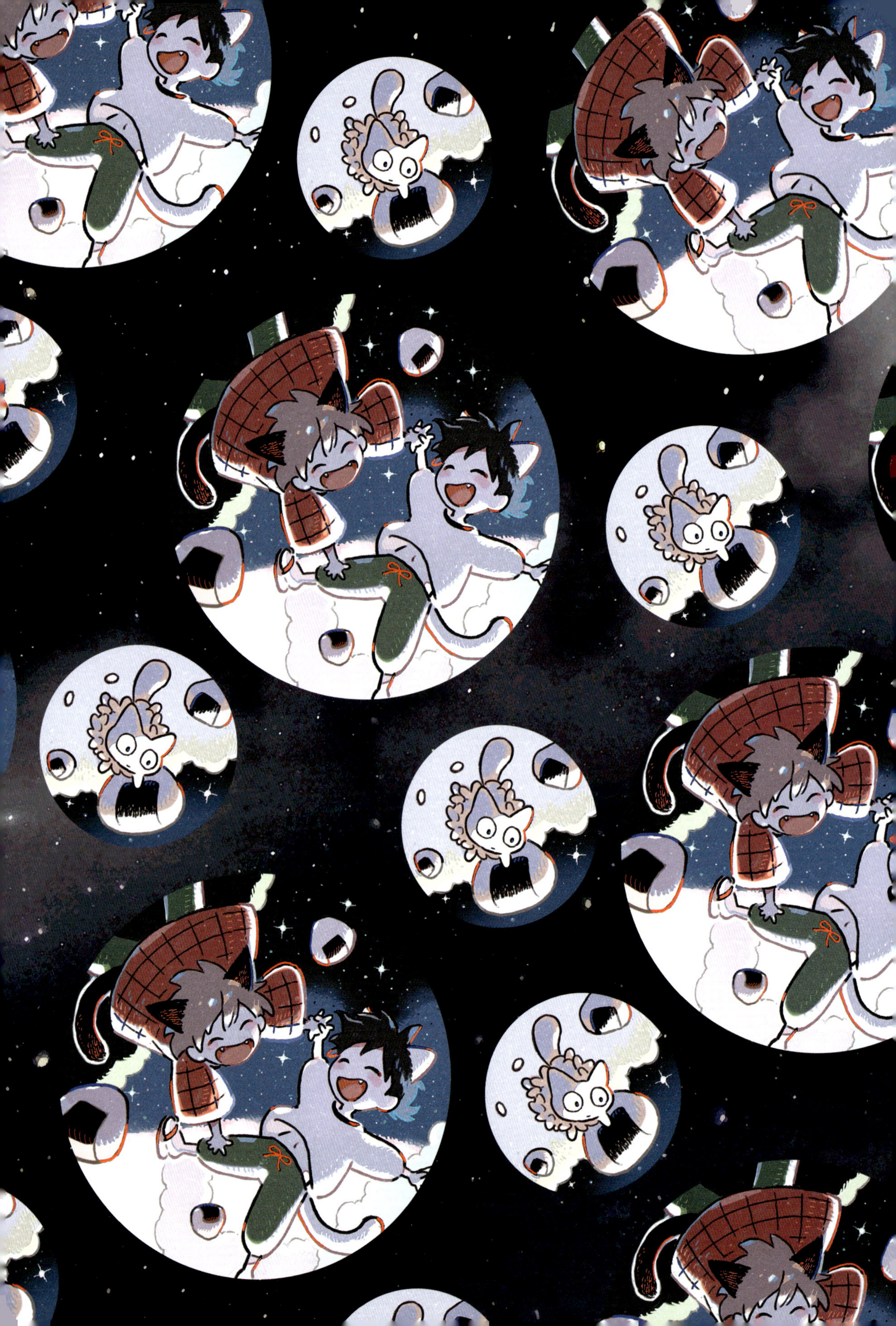

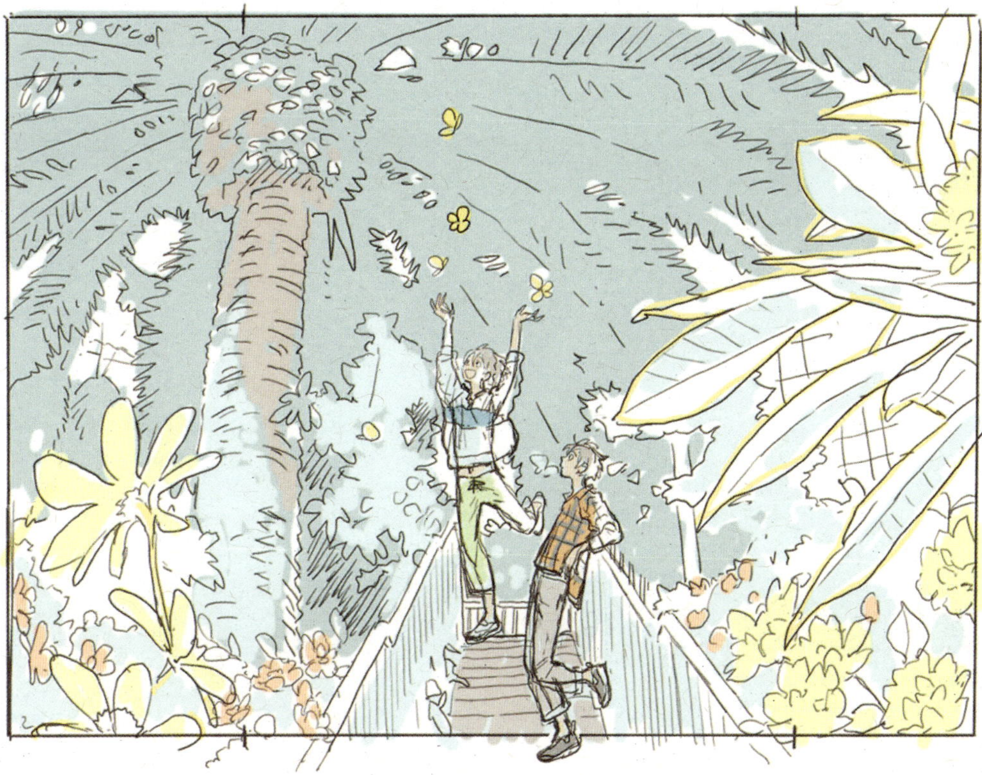

Boceto para la revista Da Vinci 18/09

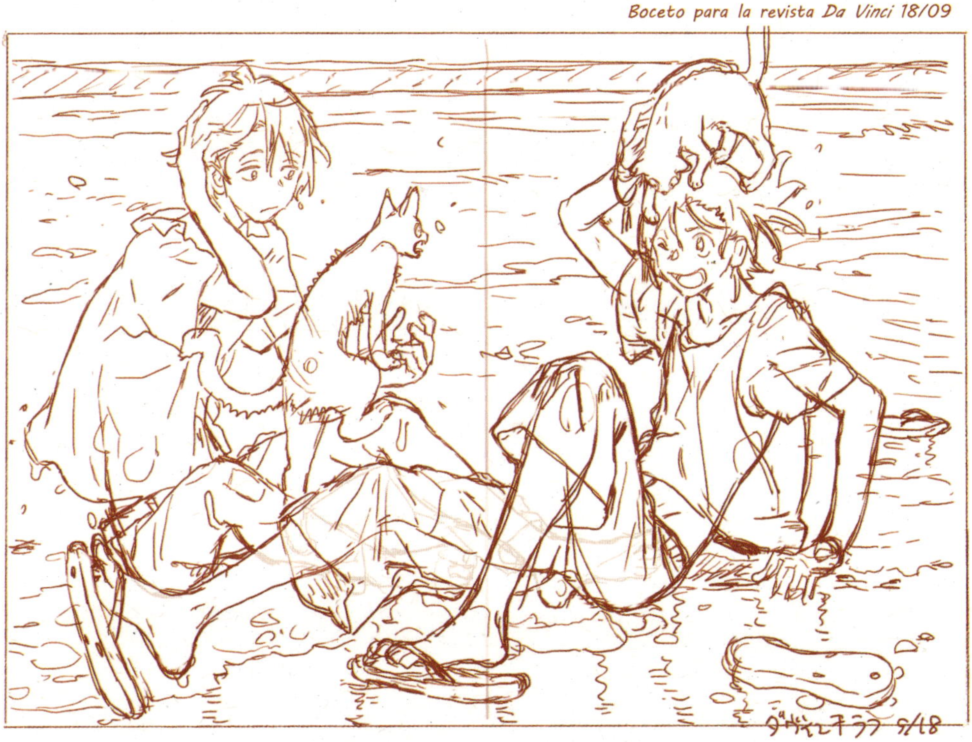

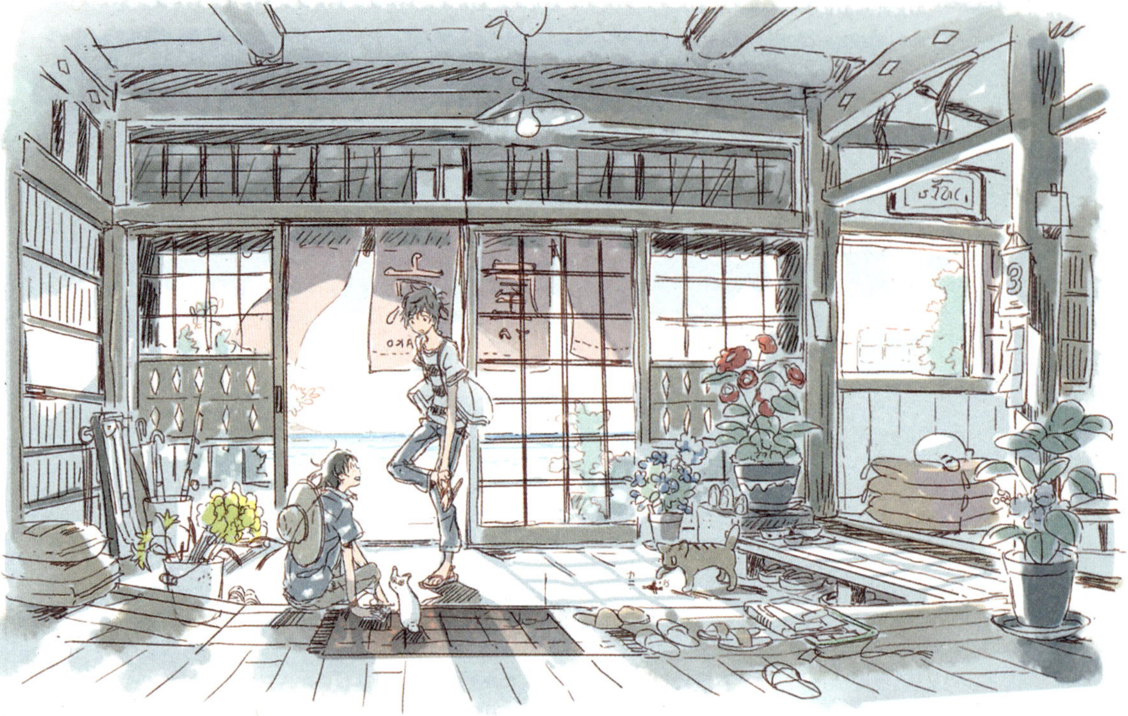

Amanecer, más claro por abajo.

Cereales

Contraportada: Mañana

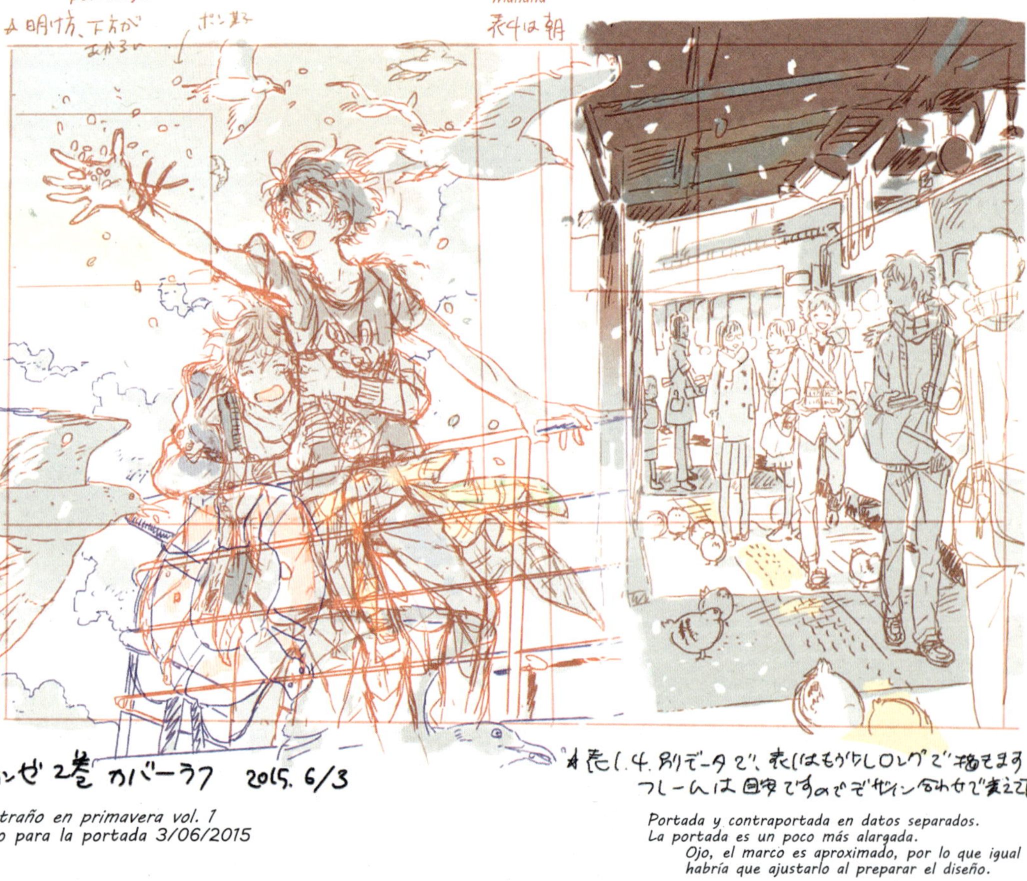

Un extraño en primavera vol. 1
Boceto para la portada 3/06/2015

Portada y contraportada en datos separados.
La portada es un poco más alargada.
Ojo, el marco es aproximado, por lo que igual habría que ajustarlo al preparar el diseño.

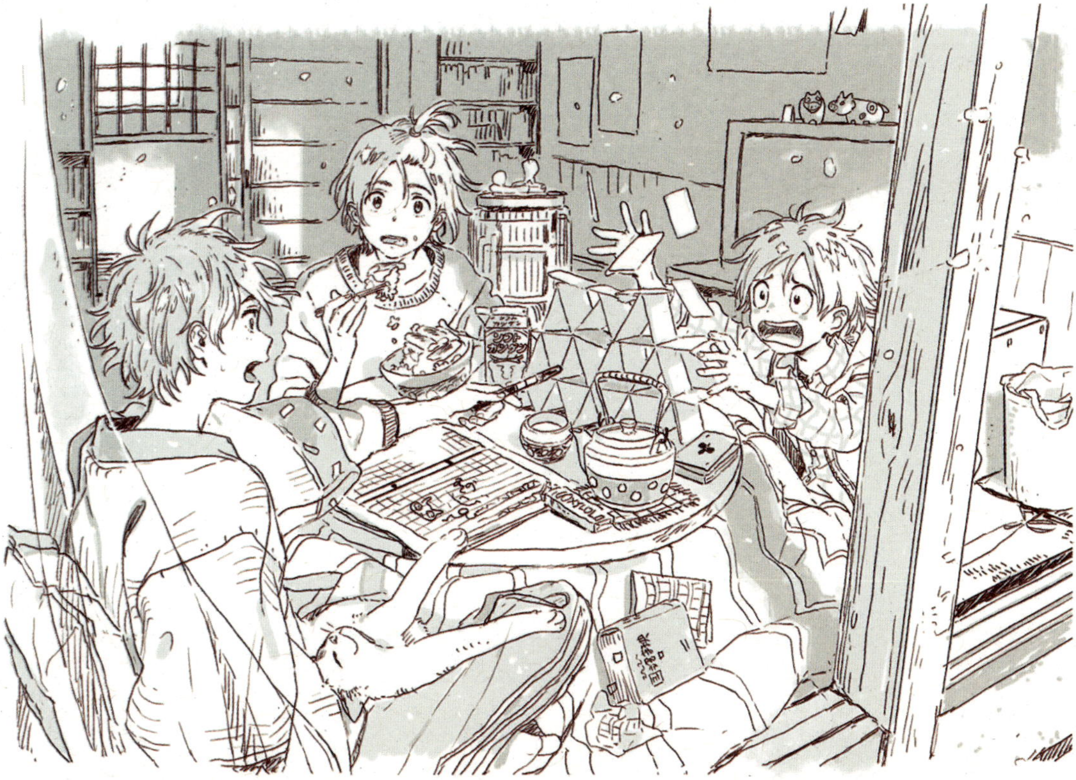

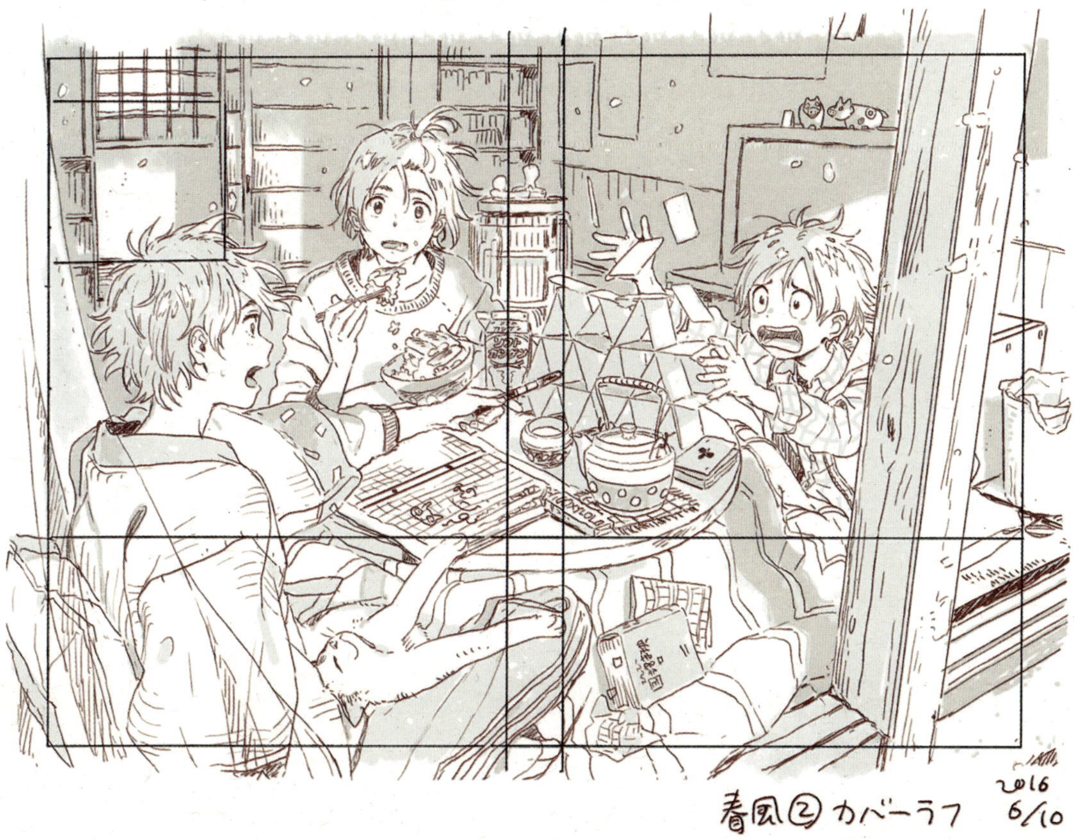

春風② カバーラフ 2016 6/10

Un extraño en primavera vol. 2
Boceto para la portada 10/06/2016

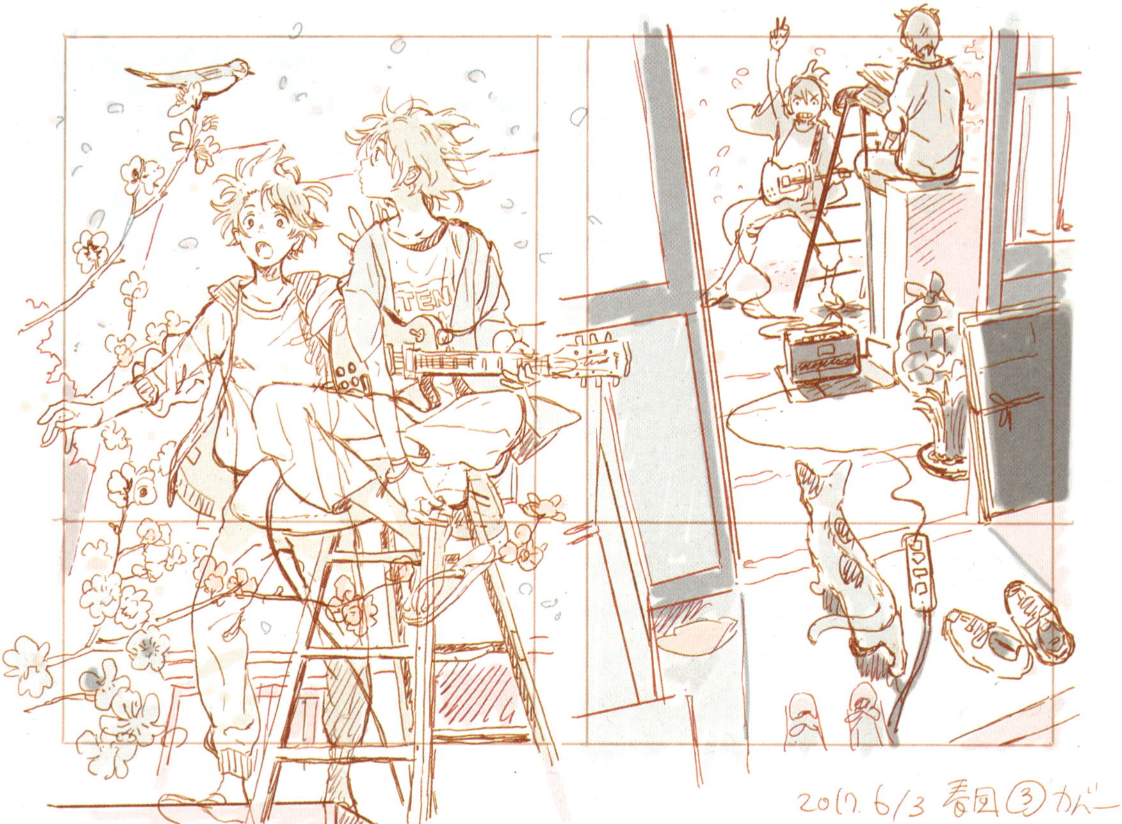

Un extraño en primavera vol. 3
Portada 3/06/2017

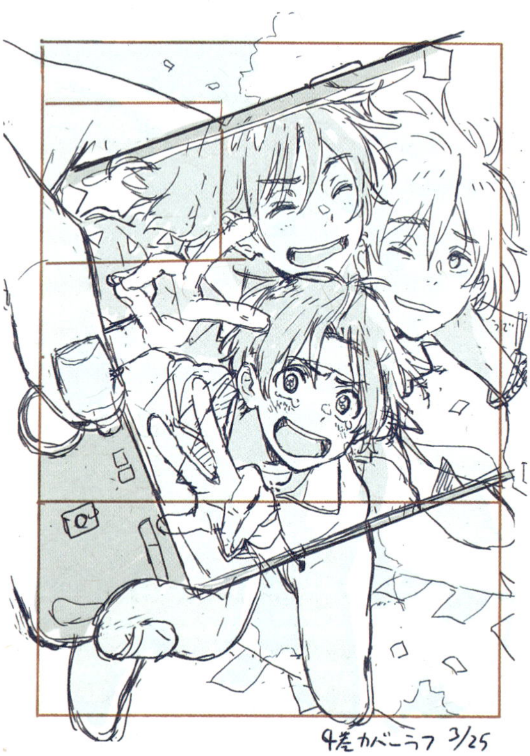

Boceto para la portada del vol. 4 - 25/03

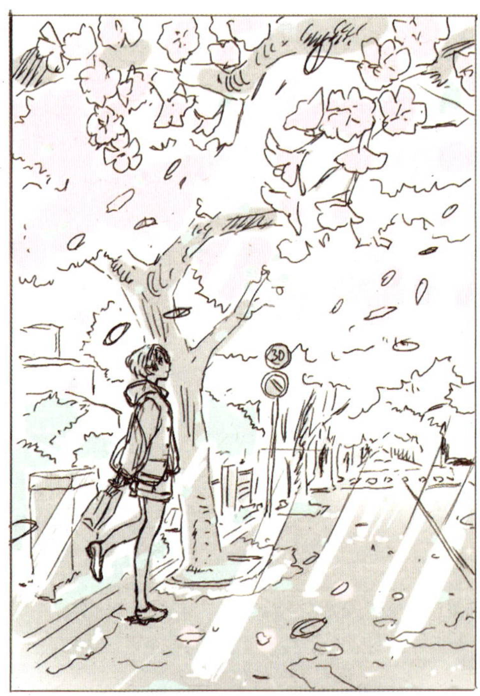

13/07/2020

Boceto para la contraportada del vol. 4
Calle de Sakuragaoka + Sakurako

Boceto para la portada de la revista *onBLUE* 24/05/2014

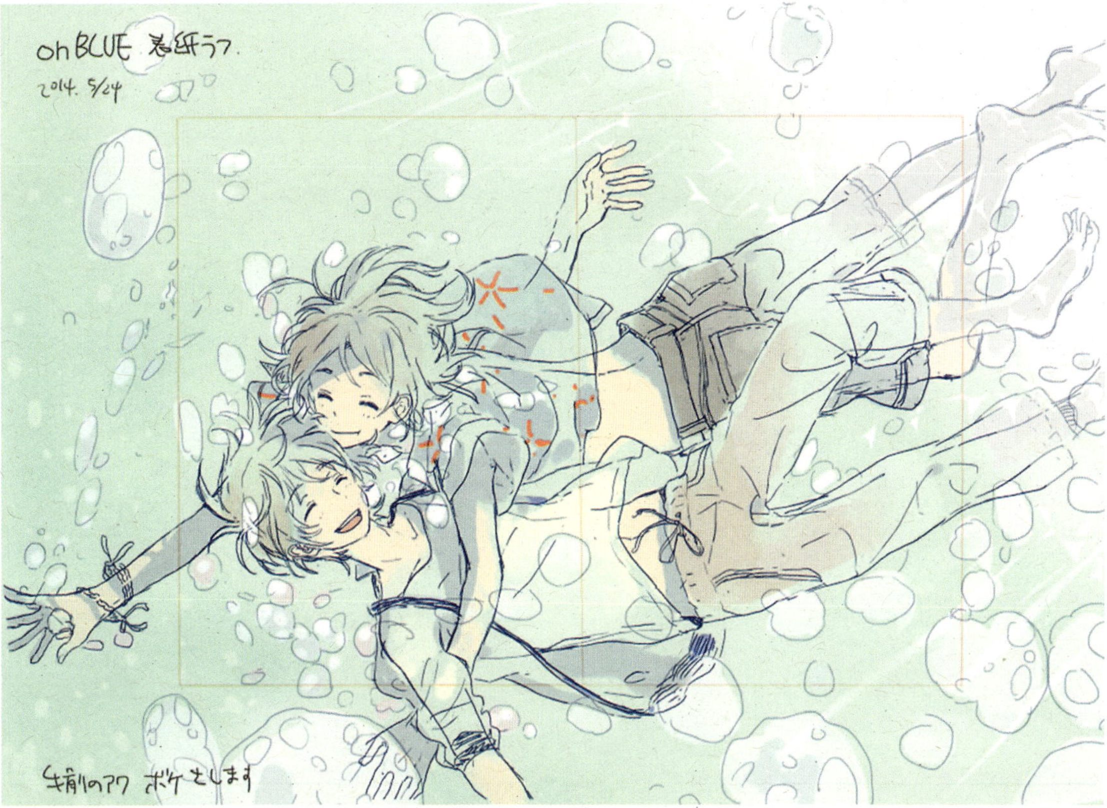

Las burbujas de la parte delantera son más difusas.

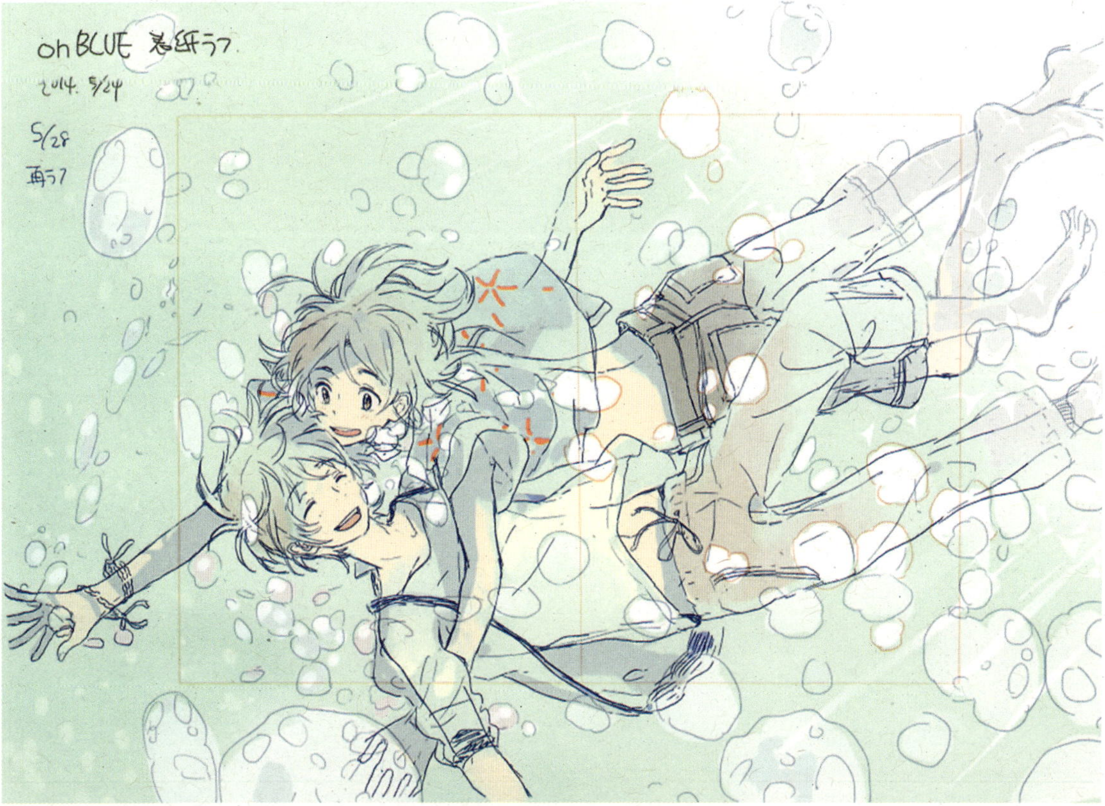

Boceto para la portada de la revista *onBLUE* 24/05/2014 - Editado el 28/05

22/02/2016 *Boceto para la portada de la revista onBLUE*

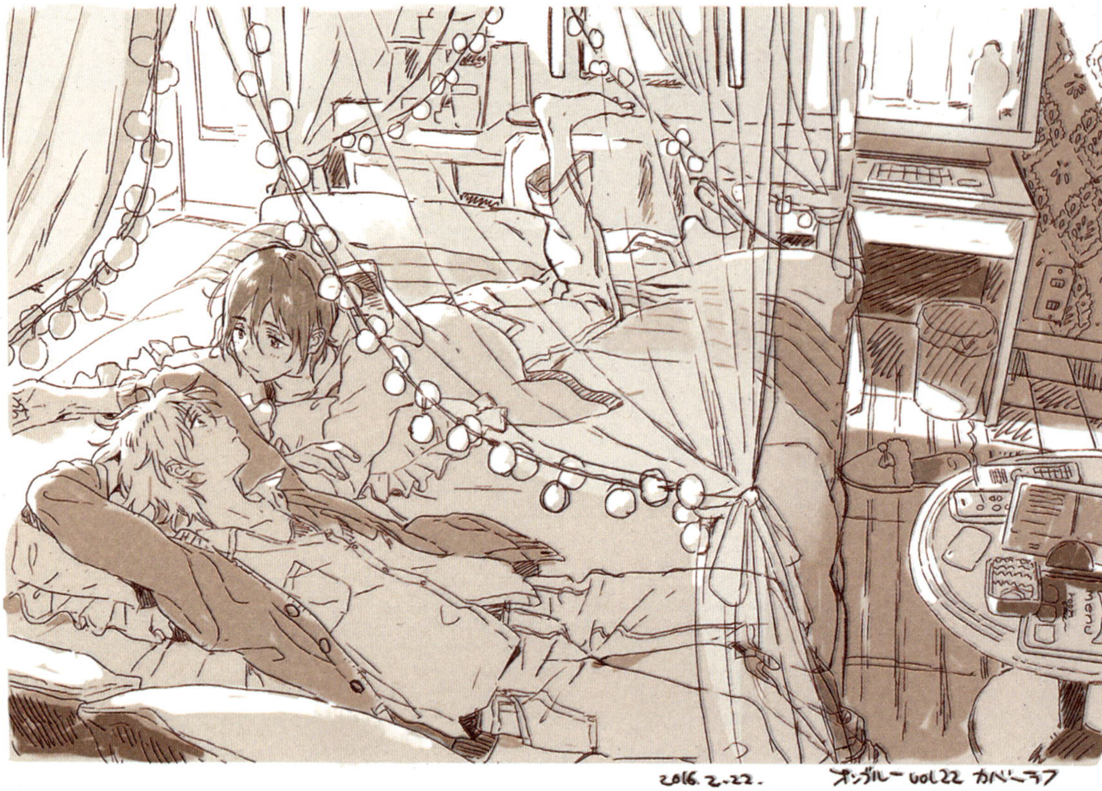

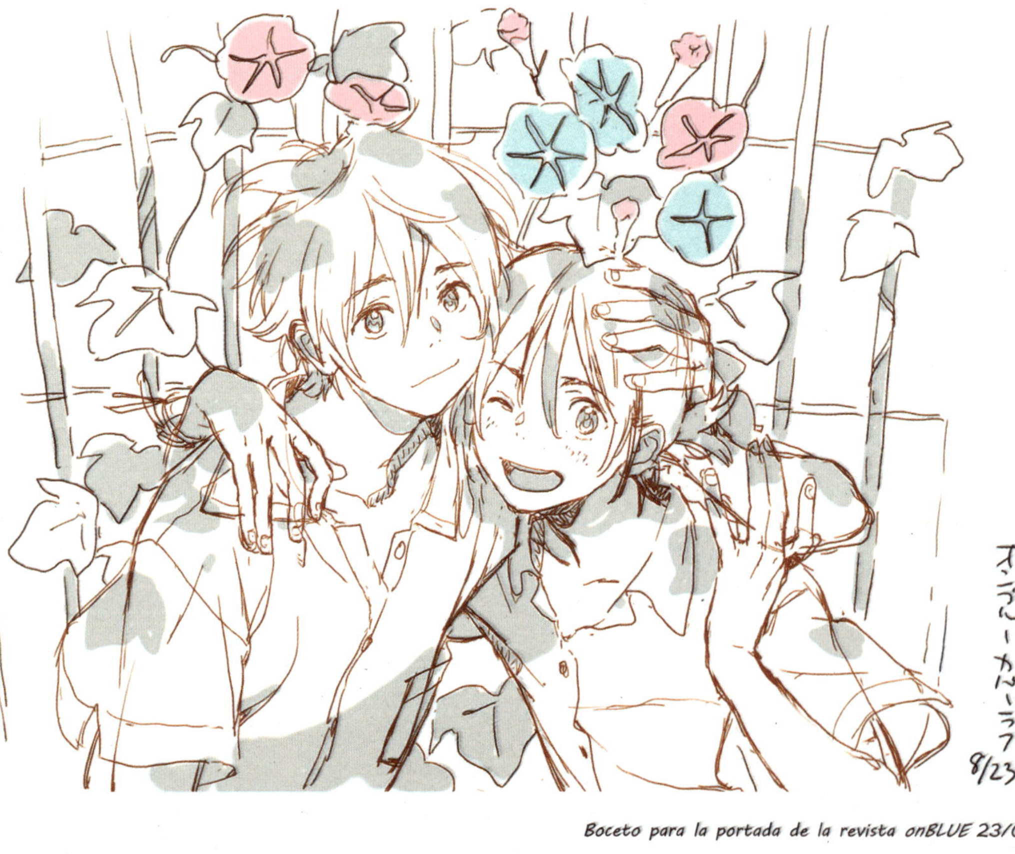

Boceto para la portada de la revista onBLUE 23/08

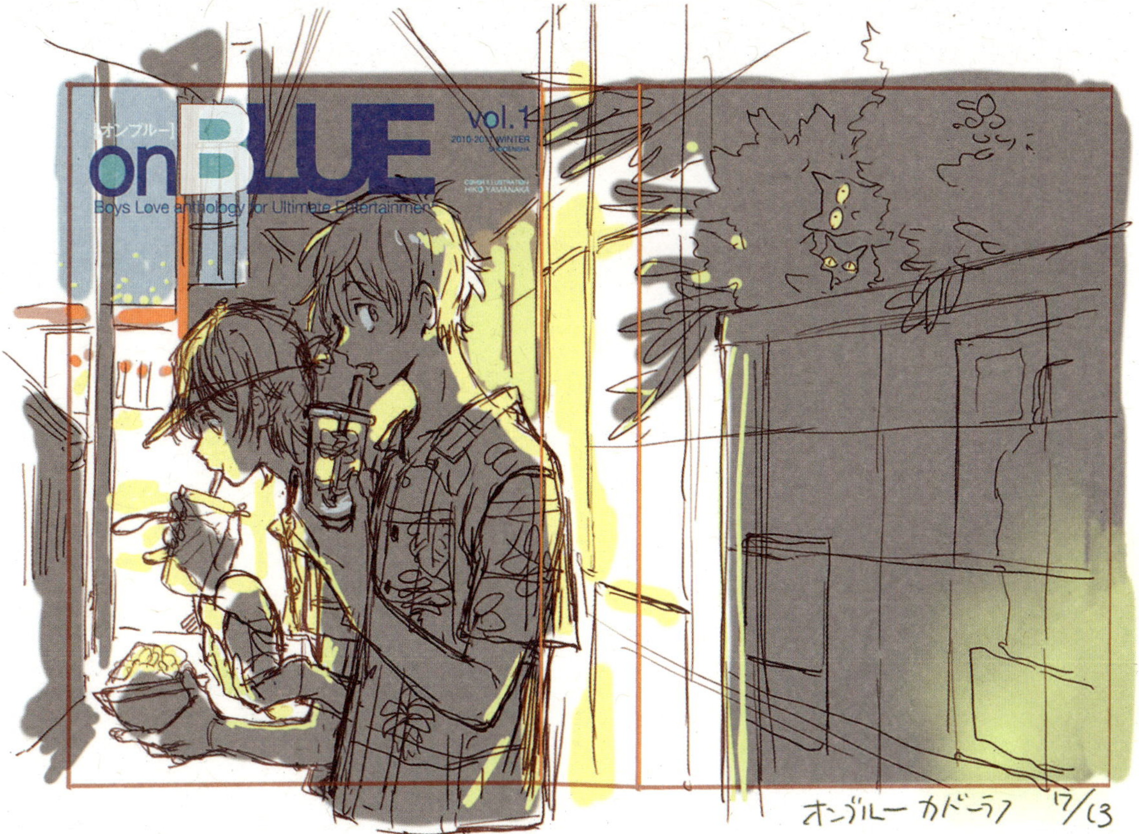

Boceto para la portada de la revista onBLUE 13/12

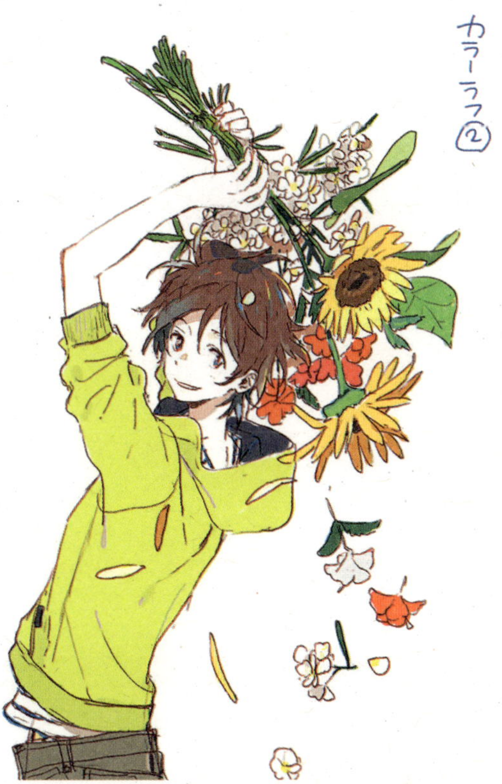

Boceto a color 2

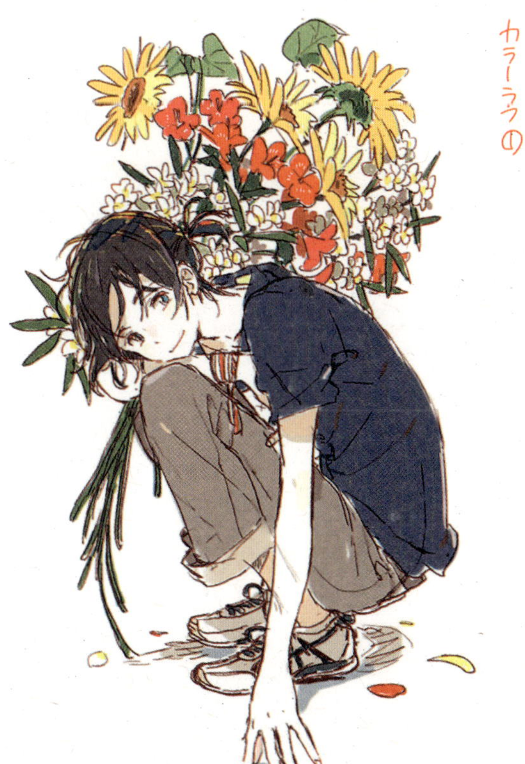

Boceto a color 1

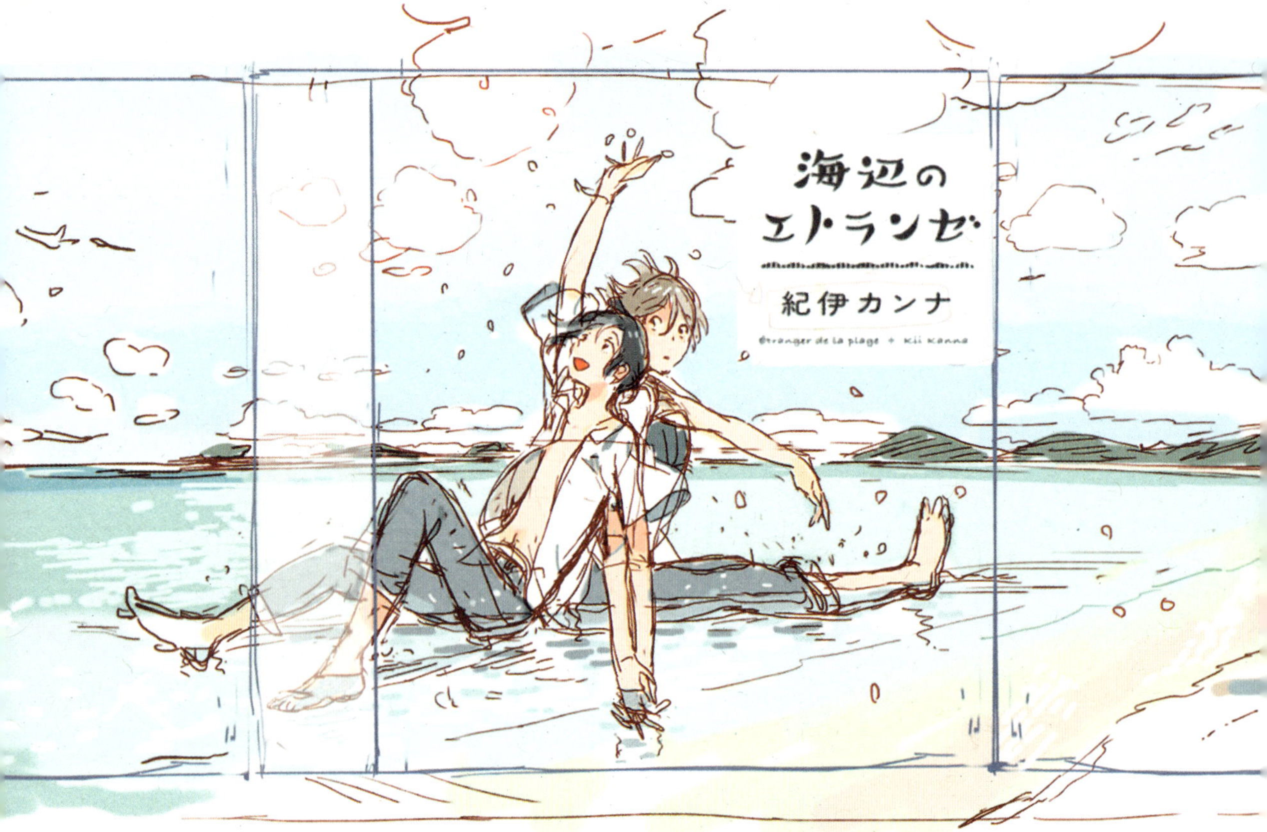

El lomo externo se superpone a la imagen de portada. El efecto aquí tiene que ser más difuso, como si el dibujo estuviera bajo una capa de papel cebolla. Las letras van en blanco y negro. Lo ideal sería que la fuente se pareciera a la que se usa aquí para que cuadre con la del manga. Y en la faja de los volúmenes.

オビ 表1使用しトレペ風にスカして 文字色も黒白で統一

フォントもこの辺や コミックオビに あわせて なるべくコミックスデザインに準じて下さい

Contraportada del libreto

歌詞カードウラ

ケースウラ *Parte trasera de la caja*

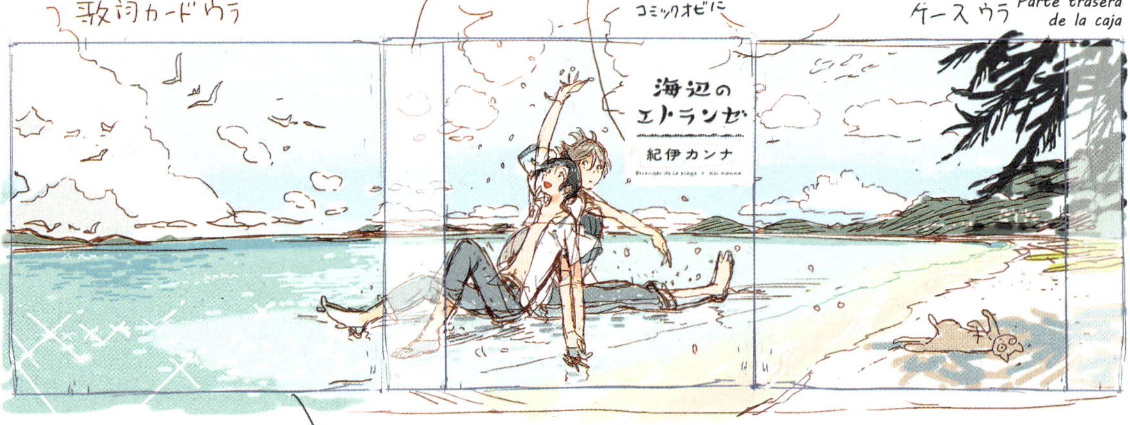

アタリは正確じゃないので イラストの方をもっと よゆうつけて 描きます

Los márgenes son aproximados, así que la ilustración puede usarse con cierta libertad.

2016.2.15 ドラマCDジャケラフ

Diseño del estuche para el drama CD
15/02/2016

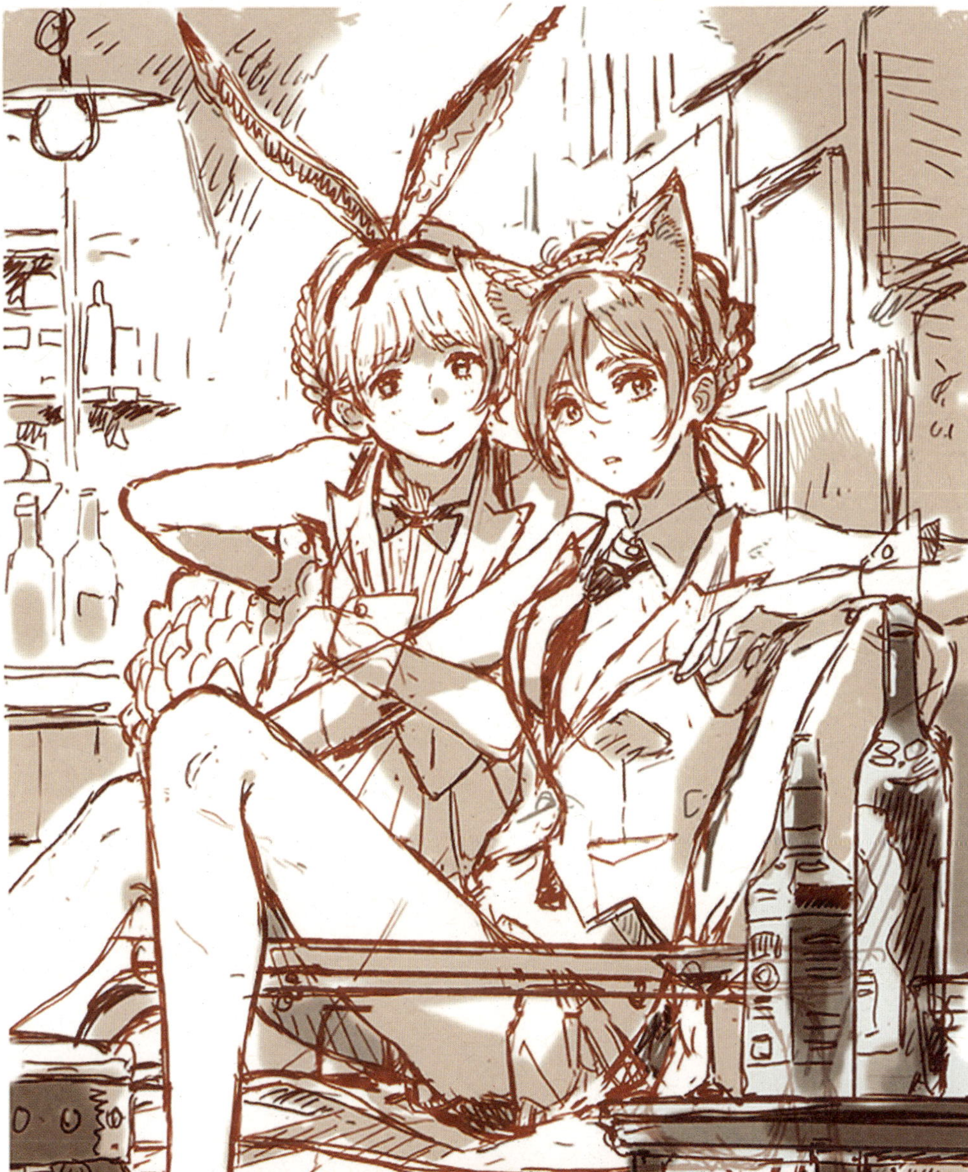

Boceto para la revista *Monthly Big Comic Spirits* 1/06/2016

2016.6.1 月スピラフ

A4比で作成します / エスラフ 5/2

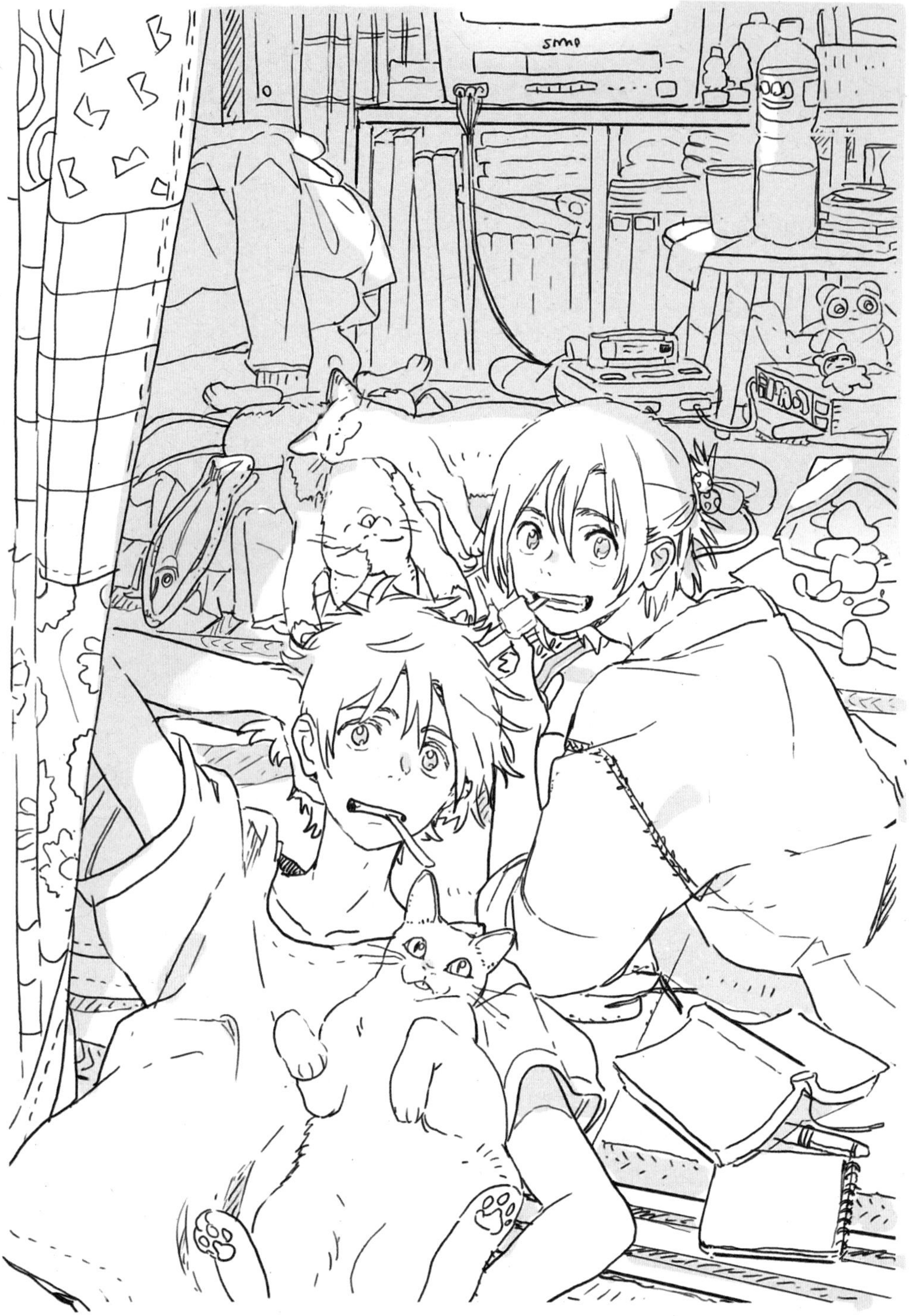

Lo hago en proporción A4 / Boceto para la revista Kikan S 2/05

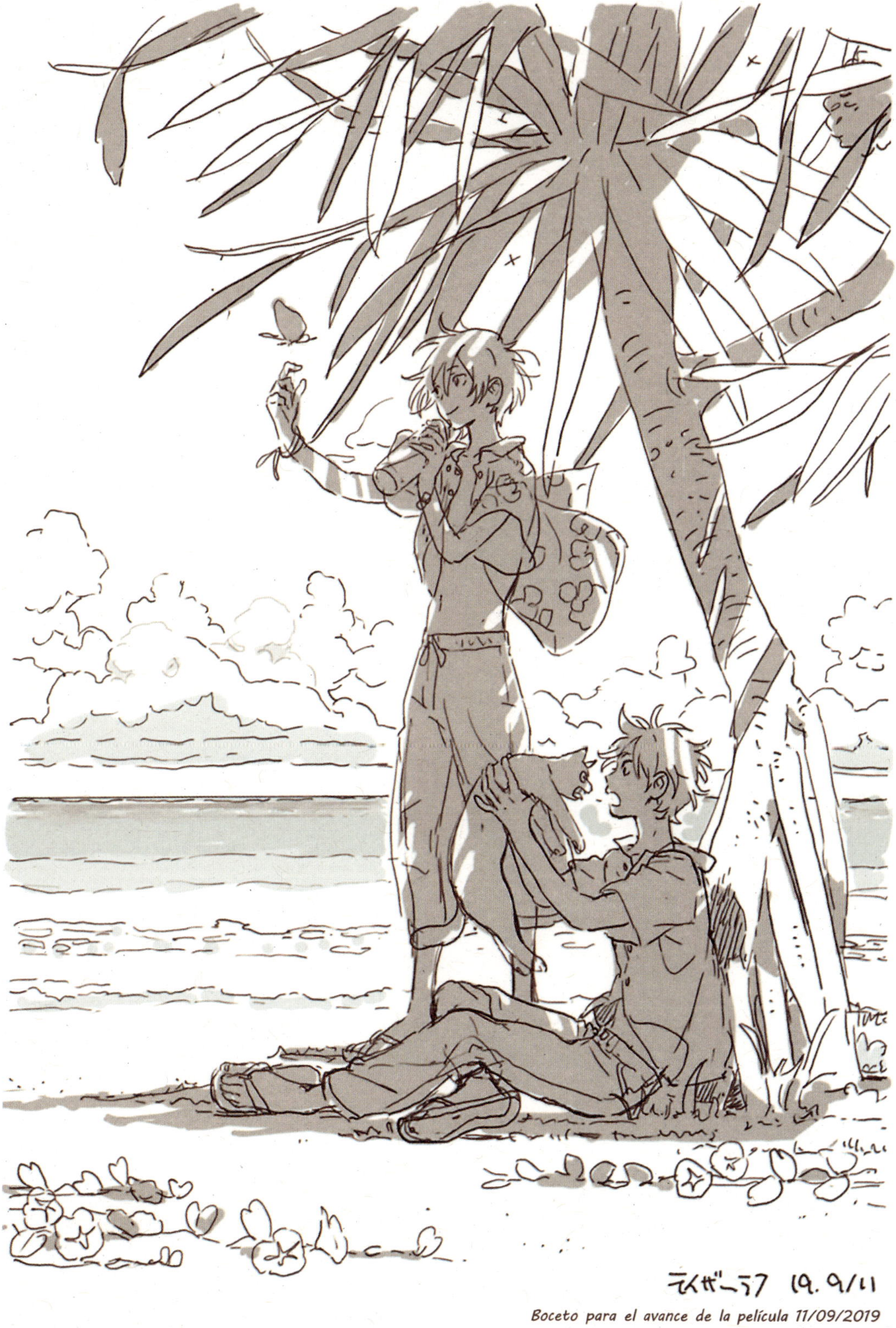

Boceto para el avance de la película 11/09/2019

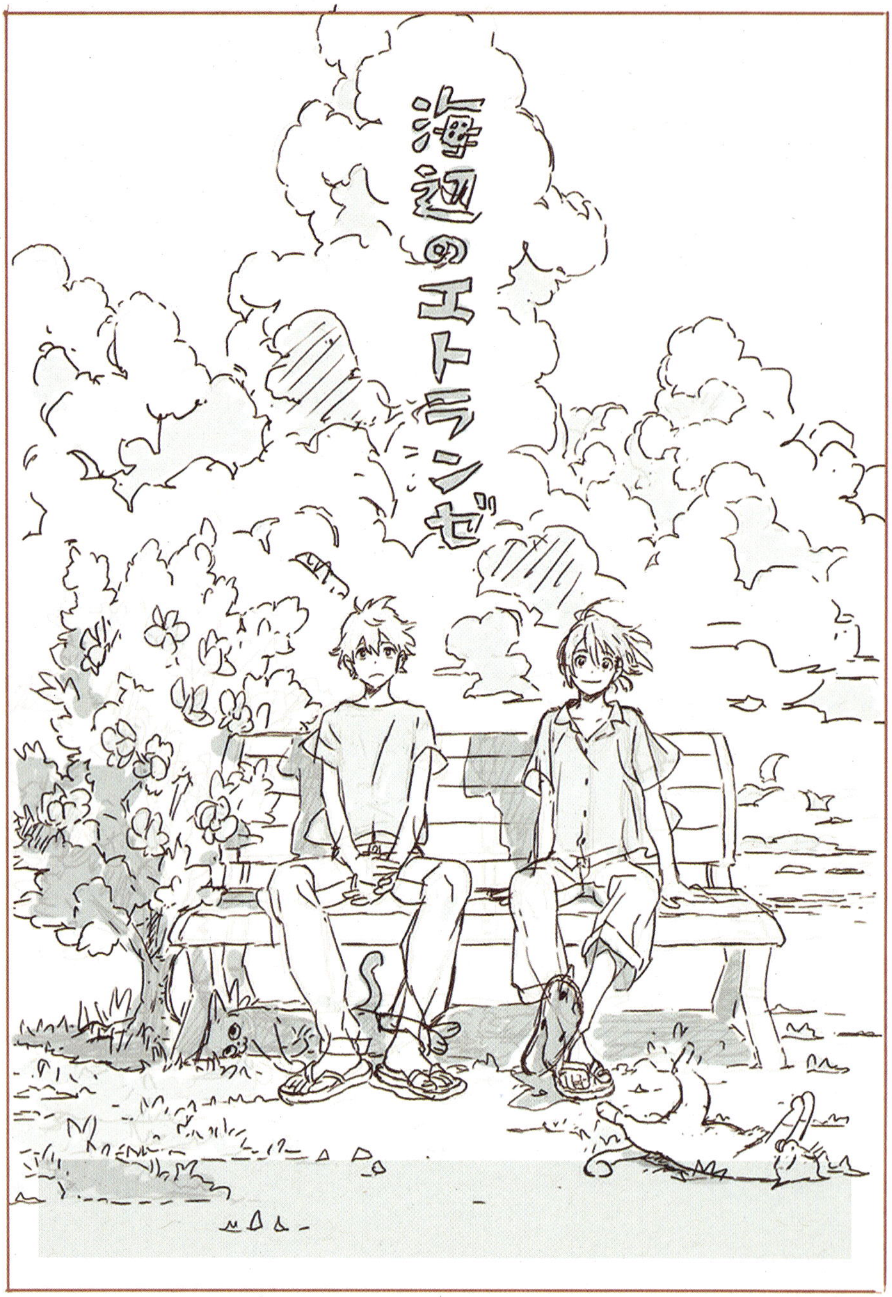

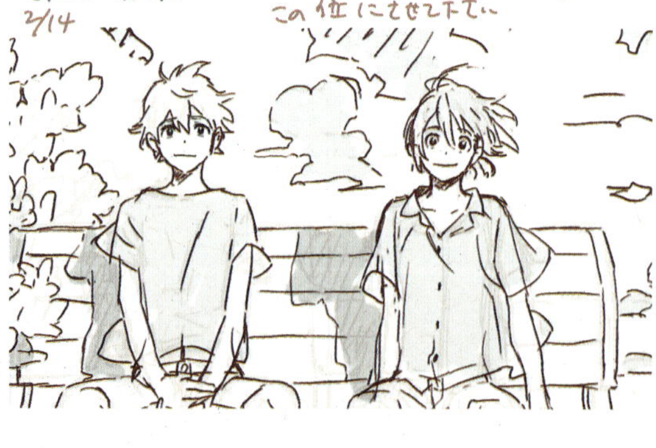

Correcciones para Shun 14/02

Según la obra original, Shun no es una persona que sonría, por lo que debería reflejarse así.

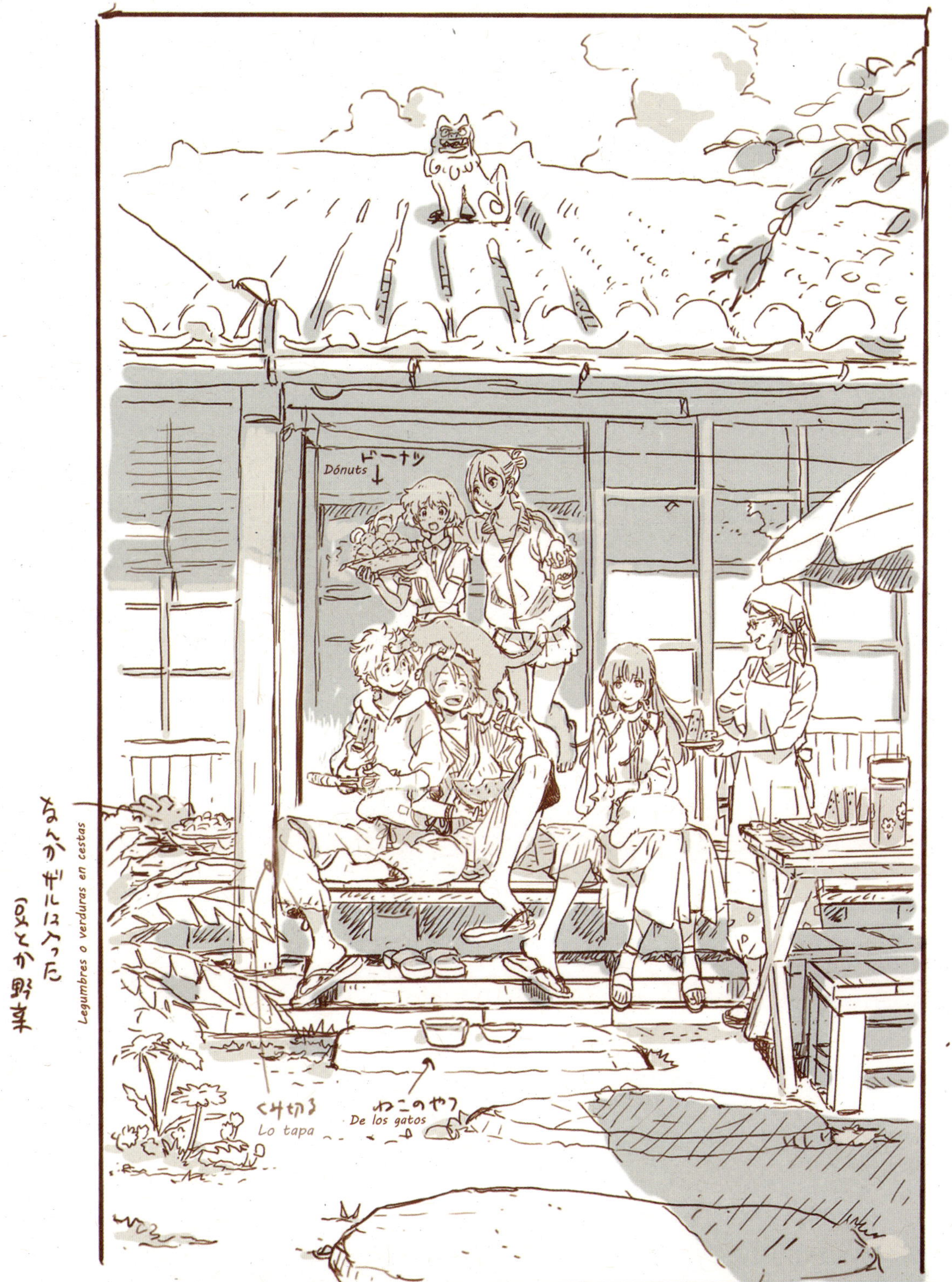
ドーナツ
Dónuts
なんかザルにのった
Legumbres o verduras en cestas
Lo tapa
ねこのやつ
De los gatos
おばちゃんの部屋側のえんがわ
Porche de la casa de la tía
門のカゲ
Sombra del portón

10 Ilustración promocional para la publicación del volumen *Aunque no pueda hacer magia*

11 Celebración del 5.º aniversario de la revista *onBLUE* en colaboración con la plataforma de exposiciones PARCO — Bolsa de tela

12 Celebración del 5.º aniversario de la revista *onBLUE* en colaboración con la plataforma de exposiciones PARCO — Camiseta

13 Ilustración interna para el cuenco conmemorativo de la publicación del volumen *Aunque no pueda hacer magia*

14 Ilustración externa para el cuenco conmemorativo de la publicación del volumen *Aunque no pueda hacer magia*

P 46-47 15 Ilustración para el termo conmemorativo de la publicación del volumen *Un extraño en primavera 3* (en colaboración con la plataforma de exposiciones TORICO)

16 Ilustración para la bolsa de tela grande conmemorativa de la publicación del volumen *Aunque no pueda hacer magia*

17 Ilustración para la funda de iPhone conmemorativa de la publicación del volumen *Aunque no pueda hacer magia*

18 Celebración del 5.º aniversario de la revista *onBLUE* en colaboración con la plataforma de exposiciones PARCO — Sello de entrada al recinto

19 Exlibris conmemorativo de la publicación del volumen *Un extraño en primavera 1*

20 Exlibris conmemorativo de la publicación del volumen *Un extraño en primavera 2*

21 Ilustración para la taza conmemorativa de la publicación del volumen *Un extraño en primavera 3* (en colaboración con la plataforma de exposiciones TORICO)

22 Exlibris conmemorativo de la publicación del volumen *Un extraño en primavera 3*

P 49 Arriba: Boceto para la ilustración de portada del libro de ilustraciones *queue - Kanna Kii artbook*

Abajo: Boceto para la ilustración interior del volumen de julio de 2020 de la revista *Da Vinci* (KADOKAWA)

P 50 Arriba: Boceto para la ilustración de portada del volumen *Un extraño a la orilla del mar*

Abajo izquierda: Boceto para la ilustración de portada del volumen *Un extraño en primavera 1*

Abajo derecha: Boceto para la ilustración de contraportada del volumen *Un extraño en primavera 1*

P 51 Boceto para la ilustración de portada y contraportada del volumen *Un extraño en primavera 2*

P 52 Arriba izquierda: Boceto para la ilustración de portada del volumen *Un extraño en primavera 3*

Arriba derecha: Boceto para la ilustración de contraportada del volumen *Un extraño en primavera 3*

Abajo izquierda: Boceto para la ilustración de portada del volumen *Un extraño en primavera 4*

Abajo derecha: Boceto para la ilustración de contraportada del volumen *Un extraño en primavera 4*

P 53 Boceto para la ilustración de portada de la revista *onBLUE* vol. 14

P 54 Arriba: Boceto para la ilustración de portada de la revista *onBLUE* vol. 22

Abajo: Boceto para la ilustración de portada de la revista *onBLUE* vol. 43

Arriba: Boceto para la ilustración de portada de la revista *onBLUE* vol. 48

Abajo derecha: Boceto para la ilustración de avance de la revista *onBLUE* vol. 13

Abajo izquierda: Boceto para la portadilla especial de la revista *onBLUE* vol. 14

P 56 Boceto para el estuche del *drama CD Un extraño a la orilla del mar* (movic)

P 57 Boceto de la ilustración *Hinichijô no kanojo* ("Su rostro menos habitual") para el número de septiembre de 2016 de la revista *Monthly Big Comic Spirits* (Shôgakukan)

P 58 Boceto para la ilustración de portada de la revista *Kikan S* vol. 70 (S Henshûbu)

P 59 Boceto para la ilustración del avance de la película *Un extraño a la orilla del mar*

P 60 Boceto para la ilustración del avance de la película *Un extraño a la orilla del mar*

P 61 Boceto para la ilustración promocional de la película *Un extraño a la orilla del mar*

P 64 Izquierda: Ilustración para el *drama CD Un extraño a la orilla del mar*

Derecha: Ilustración para el *drama CD Un extraño a la orilla del mar*

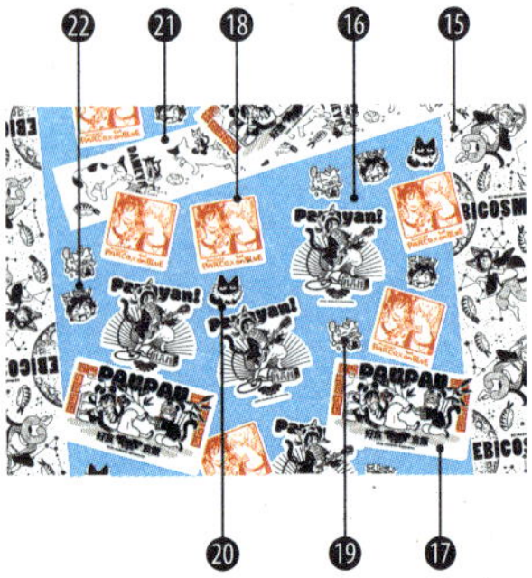

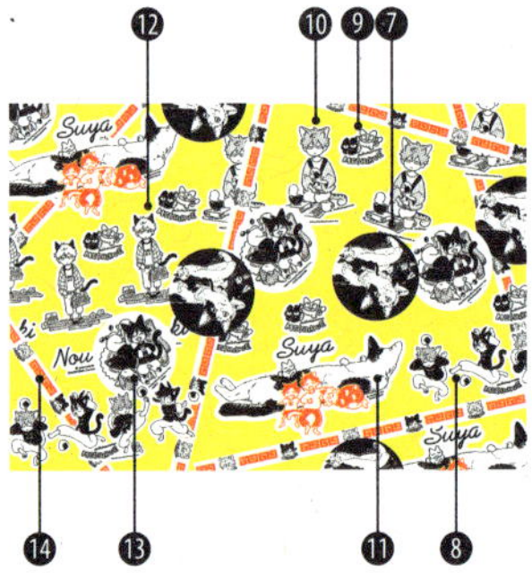

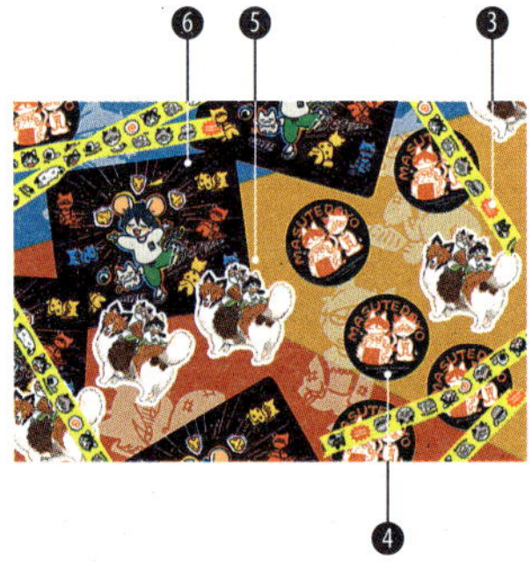

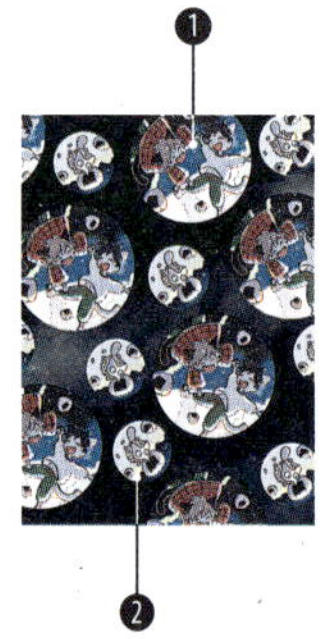

índice

queue Kanna Kii artbook

First published in Japan in 2020 by SHODENSHA PUBLISHING CO., LTD. Tokyo.
Spanish translation rights arranged with SHODENSHA PUBLISHING CO., LTD.
through Tuttle-Mori Agency, Inc., Tokyo

Publicación de Milky Way Ediciones
EDIFICIO RIBADEDEVA 1 P02 D
33590 COLOMBRES
PRINCIPADO DE ASTURIAS
E-MAIL: INFO@MILKYWAYEDICIONES.COM

Traducción: Maite Madinabeitia (DARUMA Serveis Lingüístics, SL)
Corrección: Raúl Izquierdo García

Director Editorial: Enrique Fuentevilla Noriega
Editor: Carlos E. Subero Ágreda

Depósito Legal: AS 01142-2022
ISBN: 978-84-19195-31-9
PRINTED IN E.U.

WWW.MILKYWAYEDICIONES.COM

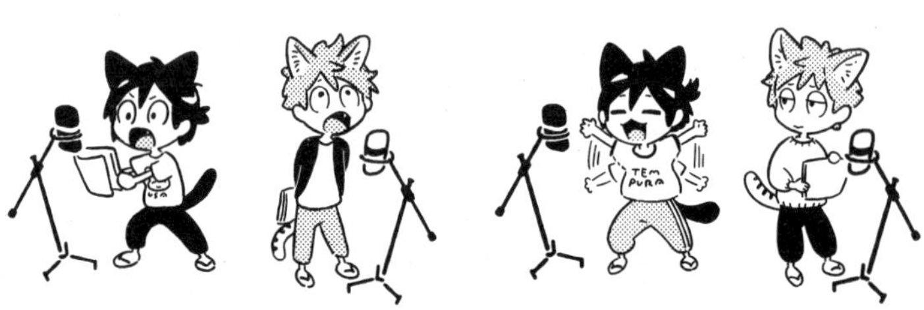